本书受浙江树人学院著作出版基金资助,是教育部人文社会科学研究项目:中国式现代化推进中填平数字鸿沟的"双链"耦合机制及其政策启示(批准号:23YJA630140);国家社会科学基金一般项目:平台人工智能标准增进数字市场包容性的机制与政策研究(批准号:24BJY032)的中期研究成果。

共建"一带一路"国家之
斯里兰卡经贸概览

Economic and Trade Overview of Sri Lanka
Under the Belt and Road Initiative

[斯里兰卡] Pivithuru Janak Kumarasinghe　黄秋波

[斯里兰卡] Rukmal Nishantha Weerasinghe 夏　晴　张正荣　　　　著

浙江树人学院中斯友好丝路学院
浙江树人学院南亚研究中心
浙江树人学院国际经济政策与战略研究中心

中国商务出版社
·北京·

图书在版编目（CIP）数据

共建"一带一路"国家之斯里兰卡经贸概览 =
Economic and Trade Overview of Sri Lanka Under the
Belt and Road Initiative /（斯里）皮维图鲁·贾纳克·
库马拉辛哈等著. -- 北京：中国商务出版社，2025.
ISBN 978-7-5103-5713-8

Ⅰ. F125.535.8

中国国家版本馆 CIP 数据核字第 2025SE6547 号

共建"一带一路"国家之斯里兰卡经贸概览
GONGJIAN "YIDAIYILU" GUOJIA ZHI SILILANKA JINGMAO GAILAN

[斯里兰卡] Pivithuru Janak Kumarasinghe　黄秋波
[斯里兰卡] Rukmal Nishantha Weerasinghe 夏　晴　张正荣　　著

出版发行：中国商务出版社有限公司
地　　址：北京市东城区安定门外大街东后巷 28 号　　邮编：100710
网　　址：http://www.cctpress.com
联系电话：010-64515150（发行部）　010-64212247（总编室）
　　　　　010-64243016（事业部）　010-64248236（印制部）
策划编辑：刘姝辰
责任编辑：韩冰
排　　版：德州华朔广告有限公司
印　　刷：北京明达祥瑞文化传媒有限责任公司
开　　本：787 毫米 × 1092 毫米　1/16
印　　张：8.5　　　　　　　　　　　字　　数：143 千字
版　　次：2025 年 6 月第 1 版　　　　印　　次：2025 年 6 月第 1 次印刷
书　　号：ISBN 978-7-5103-5713-8
定　　价：68.00 元

前言 | PREFACE

中国和斯里兰卡，这两个历史悠久的国家，自古以来便通过丝绸之路紧密相连，共同谱写着东西方文明交流的华彩篇章。如今，两国关系在政治、经济、文化等多个领域持续深化，成为国际舞台上的一段美谈。在百年未有之大变局的背景下，共建"一带一路"正如火如荼地推进，而随着2024年斯里兰卡大选的顺利落幕及新一届政府的成立，中斯合作迎来了更加广阔的发展空间。为了增进两国的相互了解，特别是加深双方对各自产业经济发展的认识，我们特此研究并撰写了本书，全面梳理了中国与斯里兰卡之间的经济与贸易合作关系。

首先，从斯里兰卡的历史渊源、地理分布、政治体制、经济环境等多个角度入手，为读者描绘出一幅多元且充满活力的国家画卷。斯里兰卡不仅坐拥丰富的自然资源和璀璨的文化遗产，近年来还通过一系列改革举措，致力于实现经济的多元化和可持续发展目标。

其次，详细剖析了中斯双边贸易与投资的现状、规模、结构及其发展趋势。通过具体的数据和实例，彰显了中国作为斯里兰卡重要贸易伙伴和投资来源国的地位，以及两国在茶叶、汽车、电子商务、旅游业和可持续能源等领域的深度协作。这些合作不仅促进了双方经济的共同发展，也为地区的繁荣与稳定作出了积极贡献。在探讨中斯经济合作的同时，分析了斯里兰卡国内政治、经济环境的变化及其对中国企业投资的影响。通过深入剖析斯里兰卡政府的政策导向、投资环境以及面临的挑战，为有意在斯里兰卡拓展业务的中国企业提供了宝贵的参考和借鉴。

最后，以浙江省与斯里兰卡的产业合作战略为范例，探讨了中斯地方层面合作的新模式和新途径。通过具体案例的剖析，展示了中斯合作在推动地方经济发展、促进文化交流等方面的积极作用，也为两国未来的合作提供了有益的启示和参考。

    本书的撰写，旨在为中斯两国政府、企业和社会各界提供一个全面了解中斯经济与贸易合作现状和发展趋势的窗口，为推动两国关系的进一步深入发展添砖加瓦。希望本书能够为读者带来有益的启发和思考，共同推动中斯友谊与合作迈上新的台阶。

黄秋波

2025年3月

目录 |CONTENTS

图目录

表目录

1　斯里兰卡概况

1.1 历史背景

斯里兰卡,原名锡兰,拥有超过2 500年的历史。作为一个多元文化和文明的交汇点,斯里兰卡深受印度、阿拉伯、葡萄牙、荷兰和英国等文化的影响。考古发现表明,斯里兰卡最早的人类遗骸可追溯至约38 000年前,这些遗骸被称为巴兰戈达人。斯里兰卡的历史时期始于公元前3世纪左右,当时阿努拉德普勒王国建立。佛教在公元前3世纪由印度阿育王之子阿哈什·马欣达引入斯里兰卡。从16世纪起,葡萄牙人开始控制斯里兰卡的沿海地区,随后是荷兰人和英国人。1815年,英国统一了整个岛屿。在此期间,斯里兰卡经历了重大变革,包括种植园农业的引入,这对经济产生了深远的影响。1948年,斯里兰卡脱离英国统治,获得独立。独立后的斯里兰卡经历了重大的政治和社会变革。1972年,该国成为共和国,并将国名从锡兰改为斯里兰卡。截至2024年,斯里兰卡的人口约为2 220万。1948年斯里兰卡独立时的人口约为650万,在20世纪90年代初已增长至2 100多万。尽管面临人口老龄化的挑战,斯里兰卡的人口增长仍显示出弹性,目前增长率为0.61%。这反映了该国的适应性和韧性。预计到2050年,斯里兰卡60岁以上人口的比例将从2015年的13.9%增长到27.4%。

斯里兰卡是一个多元化的国家,拥有复杂的宗教、种族和语言背景。其中,佛教是主导宗教,约70%的人口信奉佛教;印度教紧随其后,约12.6%的人口信奉印度教;而信奉伊斯兰教和基督教的人口分别占总人口的9.7%和7.6%。斯里兰卡以僧伽罗人为主,约占总人口的74.9%。泰米尔社区约占15.4%,穆斯林社区约占9.2%。斯里兰卡承认僧伽罗语和泰米尔语为其官方语言,但值得注意的是,英语也被广泛使用,特别是在政府和商业领域。这一实用的语言政策不仅认可了该国的语言多样性,还促进了全国范围内的沟通和管理,使得来自不同语言背景的人们更容易互动和合作。

1.2 主要地理区域

斯里兰卡拥有多样的地理区域，每个区域都为岛屿独特的景观和自然美景作出了重要贡献。该国大致可分为三个主要地理区域：中部高地、平原和海岸带。中部高地位于斯里兰卡的中心，以崎岖的地形和高海拔为特征。该地区包括岛屿最高峰皮杜鲁塔拉加拉山（Pidurutalagala），海拔约2 524米。高地以其郁郁葱葱的山地森林、茶园和凉爽的气候而闻名。斯里兰卡的几条重要河流皆发源于此，为农业和日常生活提供了重要的水资源。斯里兰卡的气候属于热带气候，受季风影响，有明显的干湿季节。年平均气温为27～30℃，季风季节伴有强降雨。

中部高地周围是平原地区，平原向海岸缓缓倾斜。这一以平坦地形为主的区域是斯里兰卡大多数人口的聚居地。平原土地肥沃，非常适合发展农业，尤其是水稻种植。包括商业首都科伦坡在内的主要城市都位于这一地区。平原还拥有多样的生态系统，如森林、草原和湿地，这些生态系统由源自高地的河流网络支撑。

环绕岛屿的是海岸带，其特征是沙滩、潟湖和红树林栖息地。海岸带的宽度因地区而异，其中西部和西南部最为宽阔。这一地区对斯里兰卡的渔业和旅游业至关重要。海岸带也是斯里兰卡最长的河流——马哈韦利河（Mahaweli Ganga）与印度洋交汇的地方。由于沿海地区容易受到海啸和飓风等自然灾害的影响，因此需要制定强有力的灾害管理战略。斯里兰卡广阔的河流系统在其地理环境中扮演着关键角色。马哈韦利河全长约335千米，灌溉了广大地区。其他重要河流包括凯拉尼河（Kelani Ganga）、阿鲁维河（Aruvi Aru）和卡卢河（Kalu Ganga），也都为岛屿的农业生产力和生物多样性作出了重要贡献。

除了主岛，斯里兰卡还包括一些较小的岛屿，如马纳尔岛和贾夫纳群岛。这些岛屿进一步丰富了斯里兰卡的地理、生态和文化多样性，具有重要的战略和文化意义。

1.3 政府和行政体制

斯里兰卡是一个实行总统制的共和国。总统由人民直接选举产生，任期5年，既是国家元首，也是政府首脑。总统在总理、议会执政党领袖和部长内阁的支持下行使职权。总统有权任命内阁成员，负责制定政府政策并管理公共服务。立法权归属于议会，议会由225名议员组成，任期5年。议会的主要职能包括制定法律、批准预算以及监督行政部门的工作。总统拥有广泛的权力，包括召集、暂停或解散议会。

司法机构独立运作，在解释法律和维护司法公正方面发挥着至关重要的作用。最高法院是最高司法机关，其下设有上诉法院和其他下级法院。这种司法体系体现了斯里兰卡对法治和基本权利保护的坚定承诺。

斯里兰卡在行政上划分为九个省，包括西方省、中央省、南方省、北方省、东方省、西北省、北中省、乌瓦省和萨巴拉加穆瓦省。每个省设有省议会，负责地方治理和发展事务。省以下设区，各区由地区秘书处管理，负责协调地方行政职能和提供公共服务。这种多层级的行政结构有助于实现高效治理，并确保全国公民都能平等获得公共服务。同时，这种结构为各地区制定和实施符合本地需求的政策提供了灵活性。

1978年通过的《斯里兰卡宪法》确立了当前的总统制框架，并经过多次修订。宪法在强调民主原则的同时，充分考虑了斯里兰卡多元文化的特点。总统的权力还包括任命高等法院法官，这体现了行政权力与司法监督的结合，进一步强化了国家治理的平衡与制衡机制。

1.4 斯里兰卡的司法制度

斯里兰卡的司法系统相对健全，为争议解决和合同执行提供了基本机制。这种稳健性对于维持商业信心和确保商业活动在法律确定性下进行至关重要。然而，有几个因素可能会影响法律程序的效率，包括漫长的法庭审理周期和大量积压的案件。这些延误可能对寻求及时解决法律纠纷的企业构成挑战，进而影响其运营和财务规划。

为了解决司法效率低下的问题，斯里兰卡一直在努力简化司法程序并减少案件积压。通过引入替代性纠纷解决机制（ADR），如仲裁和调解，旨在提供比传统法院系统更快、更具成本效益的纠纷解决方式。这些举措不仅有助于提高司法系统的整体效率，还为企业提供了更可靠和及时的司法途径。

斯里兰卡的法律框架涵盖了保护专利、商标和版权的相关法律，为企业提供了保护其知识产权的工具，确保其创新和品牌免受未经授权的使用和侵权损失。各类监管机构负责执行知识产权法，以保障企业在公平竞争的环境中运营。尽管法律框架相对健全，但知识产权（IPR）的执行仍面临挑战。盗版、假冒和未经授权使用知识产权等问题可能对商业活动构成重大风险。为应对这些挑战，斯里兰卡政府正在加强执法机制建设，并努力提高企业和公众对知识产权保护重要性的认识。

1.5 近期发展

近年来，斯里兰卡面临着一系列挑战，包括政治不稳定、经济危机和自然灾害。尽管如此，该国始终致力于实现和平与发展的目标。在经历了2022年的严重经济衰退后，斯里兰卡经济已显现出稳定和温和增长的迹象。世界银行预计2025年斯里兰卡GDP将增长3.5%。推动这一增长的关键部门包括农业、制造业、建筑业和金融服务业。此外，受新冠疫情严重冲击的旅游业也在逐步复苏，为经济增长贡献了重要力量。

尽管经济呈现积极迹象，但斯里兰卡仍面临诸多重大挑战。贫困率居高不下，截至2023年仍有约25.9%的人口生活在贫困线以下。此外，该国还需应对高额债务偿还压力、收入不平等以及劳动力市场问题。为解决这些问题，政府实施了新的财政政策，旨在增加财政收入，并在近五十年来首次实现经常账户盈余。

斯里兰卡还极易遭受洪水、山体滑坡和飓风等自然灾害的侵袭，这对其发展构成了额外挑战。为此，政府和相关组织正在制定减少灾害风险的管理战略，以提升国家的抗灾能力。尽管面临诸多障碍，但斯里兰卡对和平与发展的承诺依然坚定。该国正致力于实现经济复苏与稳定，重点关注包容性增长和可持续发展。

1.6 经济环境

斯里兰卡拥有丰富的自然资源，包括茶叶、橡胶、椰子和多种矿物，如石墨和石灰石。这些资源在国家经济中扮演着至关重要的角色。斯里兰卡的国内生产总值（GDP）约为884亿美元，但由于内部冲突和全球经济波动，其经济增长一直呈现不稳定的态势。

农业是斯里兰卡经济的重要支柱，主要产品包括茶叶、橡胶、椰子、大米和香料。作为世界上最大的茶叶生产国之一，茶叶是斯里兰卡的主要出口商品之一。农业部门不仅雇用了大量劳动力，还为农村地区的发展作出了重要贡献。制造业在斯里兰卡的出口收入中占据重要地位，其中纺织品和服装是主要产品，这主要得益于优惠贸易协定和国际市场准入。此外，制造业还包括食品加工、化工和机械等领域，进一步巩固了该国的工业基础。服务业是斯里兰卡经济中多元化程度最高的产业，其中旅游业对外汇收入的贡献尤为突出。斯里兰卡以其自然美景、丰富的文化遗产和独特的野生动物吸引了全球游客。其他重要的服务业包括银行、金融、信息技术和电信等。

斯里兰卡的经济结构呈现多元化特征。政府将经济多元化和基础设施发展列为优先事项，以支持企业发展。近年来，斯里兰卡在交通、能源和电信等基础设施领域进行了大量投资，旨在为商业运营创造更有利的环境，并吸引外国投资。斯里兰卡提供了丰富的市场机会，尤其是在旅游、信息技术和可再生能源领域。此外，该国在印度洋的战略位置使其成为重要的贸易和物流中心。这一地理优势使斯里兰卡成为连接南亚及其他地区的门户，进一步促进了国际贸易和投资。

1.7 斯里兰卡的总体商业环境

斯里兰卡的社会和文化环境以其丰富的遗产和多样化的人口为特点。对于在该国经营的企业而言，了解当地文化和社会动态至关重要。斯里兰卡拥有受过良好教育且技术熟练的劳动力，国民识字率较高，教育受到高度重视。该国在各个领域培养了大量的毕业生，为企业提供了丰富的人才储备。然而，劳动力市场监管和劳动力流动性方面的挑战可能会影响劳动力的可用性和灵活性。企业需特别注意文化习俗，因为这些习俗在不同地区和社区之间存在显著差异。与商业伙伴建立牢固的关系，并与其他利益相关者保持良好互动，是在斯里兰卡成功经商的关键。尊重当地习俗、传统和社会等级制度不仅有助于加强业务运营，还能提升企业的商誉。此外，斯里兰卡越来越重视企业社会责任（CSR），期待企业为社会和环境的可持续性发展作出贡献。许多企业已开始广泛采用企业社会责任实践，以提升声誉并赢得利益相关者的信任。这些实践可能包括社区发展项目、环境保护工作以及道德商业实践等。

斯里兰卡的商业环境由一个全面的法律框架管理，该框架在促进投资的同时确保符合国际标准。近年来，政府实施了多项改革以改善商业便利性，但挑战依然存在，尤其是在官僚程序方面。为吸引外国投资，政府推出了包括免税期、特定行业关税减免以及简化商业登记和许可程序在内的激励措施。尽管如此，企业仍经常因官僚主义的繁文缛节和不一致的监管执行而面临延误，这些延误可能会影响业务运营的效率和可预测性。因此，投资者需谨慎应对复杂的监管环境。

斯里兰卡投资委员会（BOI）在促进外国直接投资（FDI）方面发挥着关键作用。该委员会提供包括投资咨询、项目审批和售后服务在内的多种服务，以确保投资者的顺利运营。此外，斯里兰卡建立了经济特区（SEZ）和出口加工区（EPZ），为企业提供完善的基础设施和物流支持。这些区域提供了税收优惠、免税进口和简化海关程序等多种好处，对本地和外国投资者具有显著的吸引力。

斯里兰卡严格遵守国际标准，包括劳动法、环境法规和公司治理要求。在该国经营的企业必须遵守由各监管机构执行的这些标准。这种合规性确保了企业能够保持高道德和运营标准，从而营造出稳定且可预测的商业环境。此外，斯里兰卡还签署了多项双边贸易协定和多边贸易协定，以加强市场准入和贸易便利化。这些协定有助于斯里兰卡更好地融入全球经济，使企业能够扩展市场并积极参与国际贸易。

1.8 中国的影响和关系

斯里兰卡与中国的历史关系源远流长。自公元1世纪起，两国便建立了和平的文化、宗教和经济联系。斯里兰卡岛曾是商人在东西方之间往来的重要中转站，促进了海上丝绸之路沿线的贸易交流。值得一提的是，公元410年，中国佛教学者法显访问斯里兰卡并停留两年，其间翻译了大量佛经并将其带回中国。到15世纪，斯里兰卡与中国之间的政治关系曾面临挑战，主要源于当地统治者与郑和等中国旅行者之间的冲突。郑和于1405—1433年多次访问斯里兰卡。尽管存在这些挑战，但两国之间的贸易依然蓬勃发展，直到欧洲殖民大国开始主导该地区。

1957年，斯里兰卡与中国正式建立外交关系，此前斯里兰卡已于1950年承认中华人民共和国。1952年，两国签署了具有历史意义的《中华人民共和国中央人民政府与锡兰政府关于橡胶和大米的五年贸易协定》（以下简称《米胶协定》），进一步巩固了双边关系。该协议允许斯里兰卡在全球大米短缺期间与中国进行橡胶换大米的贸易，为两国经济合作奠定了重要基础。

近几十年来，特别是在2009年斯里兰卡内战结束后，中国在斯里兰卡的投资显著增加，涵盖基础设施建设等多个领域。这使中国成为斯里兰卡的主要发展伙伴之一，并对南亚地区的地缘政治格局产生了深远影响。中国的参与包括为斯里兰卡港口、道路等基础设施项目提供大量财政支持，这不仅加强了中斯两国的经济联系，也对印度洋地区的广泛地缘政治稳定产生了积极影响。

本章小结

斯里兰卡以其丰富的历史背景、多元的文化和独特的地理位置而闻名。中部高地、平原和海岸带共同构成了其多样化的自然景观。尽管面临经济挑战，但斯里兰卡在战略投资和财政改革的推动下，正稳步朝着经济复苏和发展的方向迈进。其商业环境持续优化，重点聚焦于改善治理、升级基础设施以及吸引外国投资。与此同时，斯里兰卡与中国的伙伴关系对其发展轨迹产生了深远影响，为国家的经济增长和区域合作注入了强劲动力。

参考文献

[1] 李永辉，肖莉梅.斯里兰卡研究报告（2018—2020）[M].北京：社会科学文献出版社，2025.

[2] 中华人民共和国驻斯里兰卡民主社会主义共和国大使馆经济商务处.世界银行预测斯里兰卡2025年GDP增长3.5%[EB/OL].（2025-01-20）. https://lk.mofcom.gov.cn/zxjmxxkx/art/2025/art_a35d45d7b092455895e4f0641ce8ed73.html.

2 中斯双边贸易与投资

中斯双边贸易和投资关系建立在深厚的历史基础之上，并不断发展壮大。中国已成为斯里兰卡最大的贸易伙伴之一，同时是其主要的外国直接投资来源国，为其基础设施、制造业和电信等关键行业的发展作出了重要贡献。本章深入分析了双边贸易的构成，重点考察了主要的进出口商品及其贸易不平衡现象，并探讨了这些因素对斯里兰卡经济的影响。此外，本章还研究了中国在斯里兰卡投资的战略意义，特别是通过共建"一带一路"倡议推动的合作项目，以及当前重大基础设施项目可能带来的经济和社会政治影响。这些合作不仅为斯里兰卡的基础设施建设和经济增长提供了重要机遇，也进一步彰显了中斯两国在区域合作中的紧密联系。

2.1 中斯双边贸易分析

2.1.1 中国和斯里兰卡对外贸易的最新发展

1.中国对外贸易概况

在过去的十年中，中国的外贸进出口在维护全球经济稳定方面发挥了至关重要的作用。中国在对外贸易中长期保持顺差状态。尽管自2015年起，受外部需求疲软和全球大宗商品价格大幅下跌的影响，中国的进出口曾一度经历负增长，但其外贸表现出的韧性始终是全球经济的重要稳定力量。即使是在新冠疫情和世界局势动荡的负面影响下，全球经济波动和外部需求疲软，中国的对外贸易也仍旧保持增长。

图2-1展示了2019—2024年中国对外贸易进出口额概况。从图中可以看出，中国的进出口总额在这六年中仍旧保持稳定的增长。2024年，中国的对外贸易总额约为43.84万亿元（约合6.10万亿美元），接近美国的7.35万亿美元，进一步巩固了其作为全球贸易大国的地位。具体来看，2024年中国的出口总额为25.45万亿元，进口总额为18.39万亿元，贸易顺差为7.06万亿元。这些数据不仅体现了中国对外贸易的强劲表现，也彰显了其在全球经济中的重要角色和影响力。

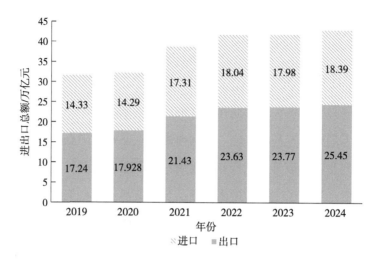

图 2-1 2019—2024 年中国对外贸易进出口额

资料来源:中华人民共和国国家统计局。

中国与共建"一带一路"国家的贸易持续表现出强劲的增长势头,2023 年贸易额增长了 2.8%,达到 19.47 万亿元人民币。其中,对这些国家的出口增长了 6.9%,这反映了中国通过共建"一带一路"倡议深化与共建国家经济联系的显著成效。目前,中国与共建"一带一路"国家的贸易额已占其贸易总额的 46.6%。在具体行业中,机电产品出口表现尤为突出,激增近 30%,特别是"新三样"(电动载人汽车、锂电池和太阳能电池),展现了中国在高科技和绿色产业领域的快速发展与全球竞争力。

2. 斯里兰卡对外贸易概况

斯里兰卡自古以来就是连接东西方贸易的枢纽。自 1978 年推行经济自由化政策以来,斯里兰卡逐步开放市场,吸引外资,推动私有化进程,成为南亚地区经济开放的先行者。2005—2008 年,该国连续四年实现 6% 以上的经济增长率,显示出强劲的发展势头。

斯里兰卡的对外贸易结构近年来发生了显著变化。从以农产品为主的出口模式,逐步转向以工业产品为主导。纺织品、服装、茶叶、橡胶及其制品以及珠宝产品成为主要出口商品,其中纺织品和服装业更是其国民经济支柱和第一大出口创汇行业。2022 年服装出口额达 56 亿美元,占出口总额的近 1/3。斯里兰卡主要进口来源地包括印度、中国、美国、阿联酋等,进口商品以工业原材料为主,反映了其工业基础相对薄弱的现状。

然而，2008年国际金融危机后，斯里兰卡面临外汇储备减少、主要出口商品收入下滑以及外国短期投资减少等多重挑战。尽管政府采取了一系列措施，如通过自贸协定伙伴关系拓展市场，但外债负担重和出口增长放缓仍是亟待解决的问题。

图2-2展示了2019—2024年斯里兰卡对外贸易的进出口概况。在此期间，斯里兰卡的进出口贸易呈现明显的波动性。2019年，斯里兰卡的出口总额为117.64亿美元，进口总额为194.79亿美元，贸易逆差较大。2020年，受全球疫情影响，出口总额和进口总额均有所下降，分别为98.86亿美元和155.86亿美元。2021年，随着全球经济逐步复苏，出口总额和进口总额分别回升至122.49亿美元和200.52亿美元。2022年，出口总额进一步增长至159.85亿美元，进口总额则略有下降至186.27亿美元。2023年，出口总额和进口总额分别为144.9亿美元和193.9亿美元，显示出贸易活动趋于稳定。预计到2024年，出口总额和进口总额将分别达到161.7亿美元和206.8亿美元，表明斯里兰卡的贸易将继续保持增长态势。

总体来看，斯里兰卡的贸易发展在经历疫情冲击后逐步恢复，未来有望进一步扩大。然而，面对复杂的全球贸易动态，斯里兰卡仍需应对经济复苏和进口依赖等关键问题。为此，斯里兰卡正在制定旨在发掘其出口潜力的贸易政策，以解决持续的贸易不平衡问题。这些政策包括加强出口市场多元化、促进与新兴地区的贸易合作等。

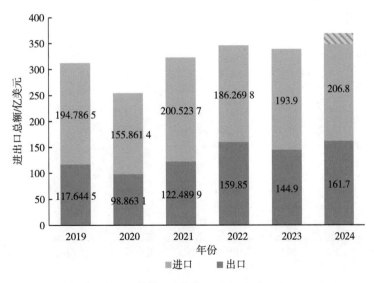

图 2-2　2019—2024年斯里兰卡对外贸易进出口额

资料来源：斯里兰卡出口发展局。

2.1.2 中斯双边贸易规模

自1952年中斯双方签署《米胶协定》打破西方对中国的禁运以来，中斯贸易在这一历史性合作的基础上稳步发展。斯里兰卡积极融入共建"一带一路"，与中国深化经贸合作。2007—2024年，双边贸易额从14.3亿美元大幅增长至55亿美元，2024年，中斯双边贸易额同比增长81%，显示出两国经济关系的深化。目前，与中国的双边贸易额约占斯里兰卡对外贸易总额的1/10，中国已成为斯里兰卡的主要贸易伙伴，是其最大的进口来源国和第二大出口目的地。中国对斯里兰卡的出口主要集中在机械、电子设备和基础设施相关领域，而斯里兰卡对中国的出口则以茶叶、宝石和海鲜为主，规模相对较小。

中国对斯里兰卡关键基础设施项目的投资进一步巩固了双方的贸易关系，为斯里兰卡的长期经济增长前景作出了重要贡献。然而，尽管中国在斯里兰卡的经济中扮演着重要角色，但斯里兰卡近年来的经济不稳定仍对双边贸易增长产生了一定的影响。这种不稳定性包括外汇短缺、债务问题以及国内政治动荡，这些因素都制约了双边贸易的进一步发展。尽管如此，中斯两国在经济合作方面的潜力依然巨大，未来有望通过深化合作实现互利共赢。

图2-3显示了2017—2024年中国与斯里兰卡双边货物进出口额。近年来，中斯双边贸易维持在40亿美元左右，且以中国向斯里兰卡出口为主。

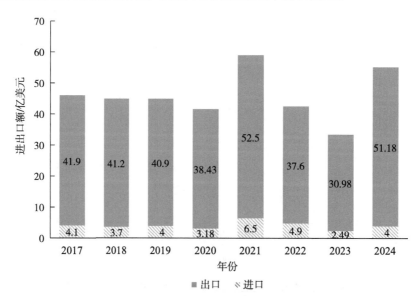

图2-3 2017—2024年中国与斯里兰卡双边货物进出口额

2.1.3 中斯双边货物贸易的主要商品

2024年，中国对斯里兰卡的出口额约为51.18亿美元。中国出口到斯里兰卡的主要产品是电机、电气设备及其零件（4.72亿美元），核反应堆、锅炉、机器、机械器具及零件（3.52亿美元）和针织物及钩编织物（2.48亿美元）。具体数据见表2-1。

表2-1　中国对斯里兰卡出口前十名的产品

HS 编码	产品类别	2023 年价值（亿美元）
85	电机、电气设备及其零件；录音机及放声机、电视图像、声音的录制和重放设备及其零件、附件	4.72
84	核反应堆、锅炉、机器、机械器具及零件	3.52
60	针织物及钩编织物	2.48
72	钢铁	1.90
55	化学纤维短纤	1.63
39	塑料及其制品	1.37
54	化学纤维长丝；化学纤维纺织材料制扁条及类似品	1.35
73	钢铁制品	1.22
27	矿物燃料、矿物油及其蒸馏产品；沥青物质；矿物蜡	1.06
52	棉花	1.06

2024年，斯里兰卡对中国的出口额约为2.70亿美元。中国从斯里兰卡进口的主要产品是咖啡、茶、马黛茶及调味香料（0.59亿美元），针织或钩编的服装及衣着附件（0.46亿美元）和杂项化学产品（0.20亿美元）。具体数据见表2-2。

表2-2　中国从斯里兰卡进口前十名的产品

HS 编码	产品类别	2023 年价值（亿美元）
09	咖啡、茶、马黛茶及调味香料	0.59
61	针织或钩编的服装及衣着附件	0.46
38	杂项化学产品	0.20
53	其他植物纺织纤维；纸纱线及其机织物	0.20
62	非针织或非钩编的服装及衣着附件	0.19
03	鱼、甲壳动物、软体动物及其他水生无脊椎动物	0.18
26	矿砂、矿渣及矿灰	0.16
40	橡胶及其制品	0.12

HS 编码	产品类别	2023 年价值（亿美元）
85	电机、设备及其零件；录音机及放声机、电视图像声音的录制和重放设备及其零件、附件	0.08
84	核反应堆、锅炉、机器、机械器具及零件	0.08

资料来源：UN Comtrade。

综合来看，除 HS 编码 84 和 HS 编码 85 外，中斯进出口贸易前十大类完全不同，表明中斯商品贸易以比较优势为基础，结构互补。中国对斯里兰卡的出口相对分散，前十大类占中国对斯里兰卡出口总额的 54%。中国从斯里兰卡的进口相对集中，前十大类占中国从斯里兰卡进口总额的 84.28%。

2.1.4 中斯贸易互补性分析

贸易互补性指数[①]基于比较优势指数（RCA）（Balassa，1965），是衡量两国贸易互补程度的重要工具。它通过比较一个国家的出口供应与其贸易伙伴的进口需求来评估贸易潜力。指数越高，表明两国之间的贸易互补性越强，贸易机会越大。TCI 指数大于 1 表明贸易互补性很强，小于 1 表明互补性较弱，接近 1 则表明该国的进出口专业化与世界贸易模式相似。如果两国之间的贸易关系密切且互补，消除贸易壁垒就可以为双方带来更大的经济利益。

根据 HS 编码的国际贸易细分数据，本节计算了中国与斯里兰卡在主要进出口商品上的贸易互补性指数。从中国的进出口贸易来看，中国从斯里兰卡进口的前十大商品的 TCI 指数均小于 1，表明这些商品的贸易互补性低于中国在全球贸易中的需求水平。然而，在中国向斯里兰卡出口的前十大商品中，HS 编码 62（非针织或非钩编的服装及衣着附件）和 HS 编码 73（钢铁制品）的 TCI 指数显著大于 1，显示出较强的贸易互补性。

从斯里兰卡的进出口贸易来看，在斯里兰卡从中国进口的前十大商品中，HS 编码 60（针织物及钩编织物）、HS 编码 52（棉花）、HS 编码 25（盐；硫磺；泥土及石料；石膏料、石灰及水泥）和 HS 编码 72（钢铁）的 TCI 指数均大于 1，特别是 HS 编

---

① 贸易互补性指数（Trade Complementarity Index，TCI），通过比较一个国家的出口结构与另一个国家的进口结构，来评估两国在贸易上是否存在相互匹配和补充的关系。

码52（棉花）和HS编码60（针织物及钩编织物）的互补性非常强。在斯里兰卡向中国出口的前十大商品中，HS编码03（鱼、甲壳动物、软体动物及其他水生无脊椎动物）、HS编码08（食用水果及坚果；甜瓜或柑橘属水果的果皮）、HS编码09（咖啡、茶、马黛茶及调味香料）、HS编码21（杂项食品）、HS编码40（橡胶及其制品）、HS编码61（针织或钩编的服装及衣着附件）和HS编码62（非针织或非钩编的服装及衣着附件）的TCI指数均大于1，显示出显著的贸易互补性，如表2-3所示。

从贸易互补性分析可以看出，中斯双边贸易在特定商品领域具有巨大的潜力，特别是在HS编码62和73（中国出口优势）以及HS编码25、52和60（斯里兰卡进口需求）的商品贸易中。同时，斯里兰卡在HS编码03、08、09、21、40、61和62的商品出口中具有显著的比较优势，能够满足中国的进口需求。这种互补性为两国带来了互惠互利的贸易机会，值得进一步挖掘和利用。探索这些潜在领域不仅有助于扩大贸易规模，还能为两国带来更大的经济利益。

表 2-3　中斯贸易互补性指数

中国十大进口商品		中国十大出口商品		斯里兰卡十大进口商品		斯里兰卡十大出口商品	
商品	TCI	商品	TCI	商品	TCI	商品	TCI
HS 编码 85	0.22	HS 编码 85	0.70	HS 编码 27	0.16	HS 编码 61	2.41
HS 编码 27	0.18	HS 编码 84	0.92	HS 编码 84	0.92	HS 编码 62	2.49
HS 编码 84	0.08	HS 编码 94	0.95	HS 编码 87	0.28	HS 编码 09	6.83
HS 编码 26	0.46	HS 编码 61	0.94	HS 编码 85	0.70	HS 编码 40	5.39
HS 编码 90	0.21	HS 编码 62	2.21	HS 编码 60	106.99	HS 编码 85	0.22
HS 编码 71	0.56	HS 编码 90	0.38	HS 编码 39	0.85	HS 编码 71	0.56
HS 编码 87	0.05	HS 编码 39	0.85	HS 编码 52	38.18	HS 编码 08	1.19
HS 编码 39	0.22	HS 编码 87	0.28	HS 编码 25	5.42	HS 编码 03	1.58
HS 编码 29	0	HS 编码 73	2.05	HS 编码 72	1.63	HS 编码 21	1.36
HS 编码 12	0.73	HS 编码 64	0.81	HS 编码 71	0.15	HS 编码 27	0.18

资料来源：UN Comtrade。

2.1.5 浙江省与斯里兰卡双边贸易概况

浙江省的双边贸易主要由浙江省对斯里兰卡的出口贸易主导,进口贸易额相对较低,不到浙江省出口贸易额的1/10。根据2013—2017年数据,由于斯里兰卡GDP增长率下降,需求萎缩,浙江省对斯里兰卡的出口激增。但即使如此,浙江省对斯里兰卡的出口额仍只有不到10亿美元。

2.2 中斯双边投资分析

2.2.1 中国在斯里兰卡投资概况

斯里兰卡和中国基于共同的外交、宗教和文化纽带,建立了长期的伙伴关系。多年来,这种关系已经深化为坚实的经济合作,特别是将斯里兰卡定位为21世纪海上丝绸之路的重要节点。斯里兰卡地处印度洋的战略要地,在中国共建"一带一路"倡议及更广泛的"走出去"战略中扮演着至关重要的角色。

中国参与斯里兰卡基础设施建设是两国持久友谊的历史见证。这一合作可以追溯到1973年,当时中国资助建设了班达拉奈克纪念国际会议厅(BMICH),这一项目的设计灵感来源于北京人民大会堂。21世纪初,中国投资的新一轮浪潮以基础设施赠款资金的形式涌现。1971—2012年,中国向斯里兰卡提供了约51亿美元的财政支持,其中48亿美元集中在2005—2012年。这些资金大部分用于基础设施建设,其中,40%投向道路和桥梁,37%用于电力和能源领域,23%用于战略港口和航运项目。

多年来,中国在斯里兰卡的投资方式发生了显著变化。最初的赠款援助已经转变为商业模式,中国的基础设施投资现在包括计息贷款和外国直接投资(FDI)。这一转变推动了交通、能源、电信和港口领域多个引人注目的项目的实施,如2006年的诺罗乔莱燃煤发电站、2007年的汉班托塔港、2010年的马塔拉国际机场、2011年的科伦坡国际集装箱码头和2012年的莲花塔。这一变化彰显了斯里兰卡和中国之间经济关系的灵活性和成长性。

2014年9月,习近平主席对斯里兰卡的访问成为两国经济伙伴关系的关键时刻。

访问期间，中斯自由贸易协定谈判正式启动，标志着两国关系的重要转折。尽管自由贸易协定仍在谈判中，但中国在斯里兰卡的投资不断加强。2017年，中国对斯里兰卡的外国直接投资约占该国吸引的16.3亿美元总额的35%，使中国成为斯里兰卡最大的外国直接投资来源国。如今，中国仍然是斯里兰卡最重要的外国投资者之一，特别是在基础设施、能源和航运等领域。

截至2019年，中国在斯里兰卡的累计投资合同金额达到121.3亿美元。这些投资涉及多个关键项目（表2-4），包括诺罗乔莱燃煤发电站、汉班托塔港、马塔拉国际机场、科伦坡国际集装箱码头、莲花塔、科伦坡港口城、南部高速公路和卡塔纳供水项目等。这些项目在能源、交通和基础设施建设领域的重大贡献，不仅加强了中斯两国之间的经济合作，也极大地推动了斯里兰卡的基础设施发展，有力地促进了当地经济的增长和社会的进步。

表 2-4　中国在斯里兰卡的累计投资合同金额及重大项目（截至2019年）

年份	累积金额（亿美元）	新增重要项目
2006	4.600 0	诺罗乔莱燃煤发电站（Norocholai Power Station）
2007	7.700 0	汉班托塔港（Hambantota Port）
2008	7.550 0	
2009	20.000 0	
2010	28.500 0	马塔拉国际机场（Mattala International Airport）
2011	40.000 0	科伦坡国际集装箱码头（CICT-Colombo port）
2012	52.000 0	莲花塔（Lotus Tower）
2013	59.500 0	
2014	81.000 0	科伦坡港口城（Port City Colombo）
2015	81.000 0	
2016	100.000 0	南部高速公路（Southern Expressway）
2017	110.000 0	卡塔纳供水项目（Katana Water Supply Project）
2018	111.000 0	
2019	121.300 0	

资料来源：部分基于斯里兰卡中央银行、财政部、对外资源部、斯里兰卡投资委员会提供的数据以及关键人物的访谈进行的计算。

注：该表仅显示截至2018年7月的承诺资金。

中国在斯里兰卡的投资彰显了其在该国的多元化利益和深度参与。投资主要分为政府投资和私人资本投资两大类。政府投资的重点集中在道路、港口、机场、桥梁和能源等大型基础设施项目上。而私人资本投资则遍布于各个业务领域,既有华为、中兴等科技型企业的身影,也涵盖了中餐馆、民宿、旅行社、宝石茶店以及满足中国游客口味的食品超市等旅游相关企业。表2-5列出了2015—2022年中国在斯里兰卡承包项目的营业额情况。2015—2022年,中国在斯里兰卡的工程承包合同金额波动较大。由于承接高速公路项目及汉班托塔港项目的建设,2015年和2016年合同金额较高,分别为155.0亿美元和180.0亿美元。随后,由于斯里兰卡政府换届后建设停滞,在2017年大幅下降至5.6亿美元。2018—2022年,合同金额逐步回升,2022年达到21.6亿美元。总体来看,尽管存在波动,但中国在斯里兰卡的工程承包活动仍保持一定规模,显示出两国在基础设施建设领域的持续合作。

表2-5 2015—2022年中国向斯里兰卡工程承包合同金额

单位:亿美元

年份	2015	2016	2017	2018	2019	2020	2021	2022
金额	155.0	180.0	5.6*	36.0	28.0	10.0	16.8	21.6

资料来源:中华人民共和国国家统计局。

注:5.6亿美元为2017年1—6月数据,2017年全年工程承包合同金额数据缺失。

2.2.2 中国近期在斯里兰卡投资的重点项目

近年来,作为中国共建"一带一路"倡议的重要组成部分,中国大幅扩大了在斯里兰卡的投资规模,重点项目旨在提升斯里兰卡的基础设施、贸易和工业实力。这一合作战略意义重大,因为斯里兰卡位于中国印度洋航线的关键节点。中国约50%的石油供应源自中东,其中近90%经由波斯湾、马六甲海峡和印度洋运输,因此斯里兰卡对于保障这些海上通道的安全至关重要。重点项目包括:

1. 汉班托塔港项目

汉班托塔港项目是中国在斯里兰卡投资的典范之一。中国港湾工程有限责任公司于2007年启动了港口开发工程,该项目分阶段实施,前两个阶段于2016年年底顺利完成。此后,汉班托塔港已成为重要的石油中转站,旨在缓解科伦坡港的压力,同时增强中国石油进口的安全性。2017年12月,斯里兰卡政府授予招商局港口控股有限公司99年的港口租约，使该公司能与斯里兰卡港务局携手合作，以双赢的收入共享模式运营该港口。

在汉班托塔港附近，中国公司还建造了拉贾帕克萨国际机场（马塔拉国际机场），这是斯里兰卡的第二座国际机场，于2013年3月正式启用。尽管初期利用率不高，但目前正努力增强其连通性，并使其与汉班托塔港紧密衔接，以吸引物流业务和旅游客源。

在中国对斯里兰卡的投资项目中，港口及相关基础设施备受瞩目。中国投资兴建了一个距离全球最繁忙海上航线仅10海里的新港口，并对科伦坡港进行了扩建。2007—2013年，中国进出口银行提供了六笔贷款，总额约13.26亿美元，为汉班托塔港建设提供了资金支持。该项目一直被列为斯里兰卡国家发展计划的重点项目。中国港湾工程有限责任公司和中国电力建设集团有限公司等国有企业承担了建设任务。一旦全面开发完成，汉班托塔港有望成为斯里兰卡仅次于科伦坡港的第二大港口。

中国在汉班托塔港和科伦坡港的投资彻底改变了斯里兰卡的港口业。招商局港口控股有限公司对科伦坡港的投资，特别是2014年开始运营的科伦坡国际集装箱码头（CICT），提升了斯里兰卡在全球航运业的地位。该码头显著增强了斯里兰卡处理大型船舶集装箱货物的能力，巩固了其作为区域转运枢纽的地位。凭借频繁的干线班轮连接，科伦坡港现已跃居全球第十一大连接港口。2018年，转运业务占科伦坡港吞吐量的79%，这得益于印度市场需求的增长。斯里兰卡港口的战略位置以及中国的投资，增强了该国作为区域贸易中心的影响力，并引发了包括印度在内的其他国家的关注。

尽管汉班托塔港早期曾面临财务困境，但自中国企业招商局港口控股有限公司根据99年租约接管以来，已取得显著进展。招商局港口控股有限公司进一步投资开发港口及邻近工业区，拓展服务范围，涵盖船舶修理、保税仓储和分销等领域。一旦全面投入运营，汉班托塔港将使斯里兰卡的集装箱运输量翻番，达到约1 600万标准箱。即便在2022年斯里兰卡遭遇燃料和经济危机期间，该港口也保持了持续运营，当年上半年处理了114万吨货物。

2.科伦坡港口城项目

科伦坡港口城是斯里兰卡历史上最大的外商投资项目。这一由中国交通建设集团有限公司牵头的14亿美元项目,旨在打造一个新的金融和商业中心。该项目占地269公顷,预计建成后将容纳约27万居民,创造约8.3万个就业岗位。

该项目2015年暂停施工,于2016年恢复建设。目前该项目已接近尾声,部分区域已投入运营。一旦竣工,科伦坡港口城将使斯里兰卡崛起为区域金融中心,通过房地产、商业企业和旅游业为该国经济注入强劲动力。

3.南部高速公路延长线项目

南部高速公路延长线项目于2015年7月正式启动,旨在优化科伦坡和汉班托塔之间的交通联系,缩短旅行时间,促进货物运输更加高效顺畅。在中国优惠贷款的支持下,中国企业为该项目提供了专业的咨询和监督服务。扩建工程于2019年圆满完工,现在已直接连通主要经济区,并加强了科伦坡港和汉班托塔港之间的物流一体化。

自2009年以来,中国在斯里兰卡的最大投资集中在交通领域。在已建成的普通公路和高速公路中,中国承建了超过60%的高速公路里程。表2-6展示了中国与斯里兰卡投资合作的主要公路项目。

表2-6 基于中国贷款建设的斯里兰卡普通公路与高速公路项目

序号	普通公路与高速公路项目	近似长度(千米)	合作伙伴	价值(亿美元)	状态
1.	Southern Expressway(Pinnadowa–Gallo)	31	中国进出口银行	1.38	已完成
1a.	Relata–Weiya	26	中国进出口银行	3.60	已完成
1b.	Malara–Belatta	30	中国进出口银行	6.03	已完成
1c.	Mattala–Hambantota	25	中国进出口银行	4.12	已完成
2.	Colombo Outer–Circular Highway(Kadawatha–erawalapitiya)	9.32	中国进出口银行	4.94	已完成
3.	Central Expressway(Kadawatha–Meerigama)	35.59	中国进出口银行	9.89	建设中
4.	Colombo–Katunayake Expressway	25.8	中国进出口银行	2.48	已完成
5.	Northern Road Rehabilitation	399	中国进出口银行	4.24	已完成
6.	Rehabilitation of Priority Projects 3–Phase II	270	开发银行	3.00	已完成
7.	Rehabilitation of Priority Projects 3–Phase II	129	开发银行	1.00	已完成
8.	Rehabilitation of Priority Roads Projects 2	581	开发银行	5.00	已完成
9.	Rehabilitation of Priority Roads Projects 1	128	开发银行	1.52	已完成

资料来源:斯里兰卡对外资源部[①]。

---

①该部门负责斯里兰卡与外部世界在资源方面的交流、合作与管理等工作。

4. 中斯工业园

2017年1月，中国和斯里兰卡为汉班托塔附近的中斯工业园奠定了基础。这个50平方千米的工业园区是双方共同的企业，旨在吸引当地和外国企业，促进出口导向型经济，造福两国。该园区支持造船、海鲜加工和农产品制造等行业，与汉班托塔港、拉贾帕克萨国际机场和南部高速公路具有战略联系，形成了一个强大的网络，在促进区域投资的同时加强了贸易和工业能力。

5. 可再生能源项目

最近，中国公司扩大了对斯里兰卡可再生能源的关注。中国的太阳能和风力发电厂投资与斯里兰卡向可持续能源转型的努力一致。这些项目为国家电网作出了贡献，旨在减少该国对化石燃料的依赖，解决能源安全和环境可持续性问题。

中国仍然是斯里兰卡最大的外国直接投资来源国，特别是在基础设施和能源方面。中国在旅游、电信和技术等各个领域的投资继续增长。中国的投资不仅为创造大量就业机会作出了贡献，还促进了技能转移，许多项目雇用了当地劳动力。这凸显了中国投资对斯里兰卡经济的积极影响。

虽然斯里兰卡在中国的投资规模不大，但增长潜力巨大。2015年，斯里兰卡在中国的外国直接投资额仅为3万美元，但这一数字在2016年上升到20万美元，实现大幅增长。斯里兰卡企业开始在中国探索新的机遇，特别是在茶叶、香料和服装等出口商品方面，这表明双边贸易前景广阔。

2.2.3 浙江省与斯里兰卡双边投资概况

中国早期在斯里兰卡的工程项目——斯里兰卡机场高速公路——由浙江省建设投资集团股份有限公司下属浙江省建投交通基础建设集团有限公司承建。

此外，浙江省已在斯里兰卡投资14家企业，共计2 722万美元，其中中方入账2 338.5万美元。投资行业主要集中在批发业、家具制造业、仪器仪表制造业等行业。

主要投资项目：由台州贝迪森贸易有限公司投资800万美元成立的侨震兰卡国际私人有限公司，产业为家具制造；浙江明源实业有限公司与温州市飞达印刷包装机械公司共同成立的超越国际有限公司，中方投资800万美元，主营办公用品批发。详见表2-7。

表 2-7　浙江省在斯里兰卡的主要投资项目

国内实体	海外企业名称	地市级监督员	投资总额（万美元）	中方投资金额（万美元）	经核准的时间	行业
台州贝迪森贸易有限公司	侨震兰卡国际私人有限公司	台州市	800	800	2014-09-11	家具制造
浙江明源实业有限公司；温州市飞达印刷包装机械公司	Beyond International Co., Ltd.	台州市	800	800	2013-09-25	批发贸易
浙江远东豹车业有限公司	豹汽车（斯里兰卡）有限公司	台州市	220	220	2013-09-17	批发贸易
奉化市远东车辆部件有限公司	Dasa 远东摩托车有限公司	宁波市	222	122	2012-10-31	橡塑制品行业
中天建设集团有限公司	中天建设集团有限公司	金华市	100	100	2017-02-28	土木工程建筑行业
宁波东海集团有限公司	东海 DH（斯里兰卡）有限公司	宁波市	200	100	2009-10-15	仪器仪表制造业

资料来源：浙江省商务厅。

2.2.4 斯里兰卡在浙江省投资概况

据不完全统计，截至2017年12月，斯里兰卡已在浙江省成功设立了13家企业，这证明了斯里兰卡投资潜力巨大。这些企业合同对外投资额为511万美元，实际对外投资额为219万美元。投资主要集中在纺织服装制造业，电力电子元器件制造业以及纺织品、针织品及原料批发业。

更为广泛的项目包括：①智达风能和太阳能开发（宁波）有限公司，由智达实业集团有限公司和智达工程（斯里兰卡）有限公司共同投资，实际对外投资额为200万美元，从事发电机和发电机组的制造；② 杭州敬业光缆纺织工业有限公司，由利南矿机厂和叶平（斯里兰卡）共同投资，实际对外投资额为83万美元，从事织造服装生产；③绍兴华源金蕾丝刺绣有限公司，由南大纺织有限公司和绍兴华源布业有限公司共同投资，实际对外投资额为29万美元，从事家纺产品制造。

2.3 政策举措和未来战略

1. 中斯经贸重要支持政策

一系列政策框架和协议为中斯贸易和投资提供了有力支撑，也为双方经济合作奠定了坚实基础。以下是一些关键的政策框架和协议：

（1）中斯自由贸易协定（正在谈判中）

中斯自由贸易协定谈判自2014年启动以来，一直致力于扩大市场准入、降低关税、简化贸易程序。尽管尚未正式签署，但自由贸易协定承诺通过削减货物和服务贸易壁垒、促进投资流动、推动斯里兰卡出口多样化，进一步深化两国贸易关系。

（2）《中华人民共和国政府和斯里兰卡民主社会主义共和国政府关于相互促进和保护投资协定》（1986年）

该协定为两国投资者提供了法律保障，确保了他们享受公平公正的待遇。该协定中包含了征用赔偿条款和争议解决机制，这些条款有效增强了投资者的信心，保护了投资免受政治风险的影响。

（3）《中华人民共和国政府和斯里兰卡民主社会主义共和国政府关于对所得避免双重征税和防止偷漏税的协定》（2003年）

该协定有效防止了对中斯两国间投资收入的双重征税，提高了税收透明度，降低了与税收相关的成本，为跨司法管辖区运营的企业提供了更为可预测的税收环境。

（4）投资合作谅解备忘录

多年来，中斯双方签署了多项谅解备忘录，以促进中国在基础设施、制造业和能源领域的投资。这些备忘录旨在加强产业合作，简化项目审批和融资流程，推动双方经济合作的深入发展。

（5）共建"一带一路"合作框架（2013年）

作为共建"一带一路"倡议的重要组成部分，中斯双方制定了合作框架，支持汉班托塔港和科伦坡港口城等大型项目的建设。此次合作重点聚焦基础设施建设、港口物流和海上贸易，进一步提升了斯里兰卡在中国全球贸易网络中的地位。

（6）《中华人民共和国政府和斯里兰卡民主社会主义共和国政府经济技术合作协定》（2007年）

该协定明确了中国向斯里兰卡提供经济技术援助的意向，支持基础设施项目建设、技术技能转让和各行业能力建设，为斯里兰卡经济发展注入了新的活力。

（7）《中华人民共和国政府和斯里兰卡民主社会主义共和国政府关于促进投资与经济合作框架协议》（2017年）

该协议通过鼓励农业、制造业和服务业的经济联系，促进了贸易和投资的发展。同时概述了改善贸易平衡、提高产品标准和支持技术转让的共同目标，为双方经济合作提供了更广阔的空间。

（8）《中华人民共和国政府和斯里兰卡民主社会主义共和国政府文化合作协定》（2007年）

该协定旨在促进文化交流、教育和旅游等领域的合作，有助于增进两国人民之间的友谊和相互了解。通过加强双边关系，为贸易和投资创造了更加有利的环境。

（9）《亚太贸易协定》

作为亚太贸易协定的成员国之一，斯里兰卡享受该协定提供的优惠关税税率。这有助于扩大斯里兰卡进入中国等成员国市场的机会，促进茶叶、服装等产品的出口，进一步推动了斯里兰卡经济的发展。

2. 中斯经贸未来发展方向

未来，基于对已有政策协议和框架的发展和创新，中斯在以下关键领域有望提升经贸合作水平。

（1）扩大数字贸易和电子商务。随着数字贸易在全球贸易中重要性的日益提升，中国和斯里兰卡可以合作加强斯里兰卡的电子商务基础设施建设和数字经济发展。中国科技公司可以支持数字支付系统、电子商务平台和数字技能培训，以提高斯里兰卡的在线贸易能力，为中小企业创造新的机会。

（2）加强可再生能源和可持续发展。两国都表示对可再生能源项目感兴趣。中国可以继续支持斯里兰卡的太阳能、风能和水电项目，与斯里兰卡在能源结构中增加可再生能源的目标保持一致。这种方法解决了能源安全问题，并为全球气候目标下的可持续发展而努力。

（3）贸易多样化和减少贸易不平衡。未来的贸易战略可能侧重于使斯里兰卡对中国的出口多样化，超越茶叶、服装和橡胶等传统产品。斯里兰卡可以瞄准中国的高需求商品，如有机食品、香料和加工海鲜。与此同时，中国可以协助发展价值链，以提高斯里兰卡出口的质量和竞争力。

（4）发展工业园区和经济特区。建立中斯联合工业园区，特别是在汉班托塔港等关键港口附近，可以吸引外国投资，促进制造业发展，刺激当地产业。这些区域可以支持电子、汽车零部件和制药行业，使斯里兰卡能够向价值链上游发展，并创建出口导向型中心。

（5）加强金融合作和投资渠道。中国和斯里兰卡可以通过促进双边货币兑换、促进中国发展项目贷款以及鼓励中国私营和公共部门在斯里兰卡投资来加强金融合作。建立透明的融资机制，特别是对于大型基础设施项目，可以降低与债务相关的风险。

（6）扩大技术转让和技能发展。人工智能、制造业和农业的技术转让可以使斯里兰卡利用中国在先进技术方面的专业知识。技能发展、研究合作和创新中心的联合项目将支持斯里兰卡的知识交流和高价值产业的发展。

（7）关注健康和制药合作。鉴于中国不断发展的制药行业及其支持医疗基础设施的潜力，两国可以合作在斯里兰卡建立制药厂。这可能有助于满足当地需求，并使斯里兰卡成为与健康相关出口的区域中心。

（8）促进旅游和文化交流。旅游业是双边合作的重要领域。中国可以支持斯里兰卡的旅游基础设施和推广活动，而简化签证安排和改善航空连通性可以增加中国游客流入，支持斯里兰卡的经济发展。

（9）利用区域和全球贸易框架。斯里兰卡可以加强融入区域和全球供应链，利用中国在《区域全面经济伙伴关系协定》（RCEP）等框架中的成员资格。尽管斯里兰卡目前尚未加入RCEP，但与中国建立更紧密的关系可以提升间接利益，并有可能加强斯里兰卡的区域贸易联系。

（10）印度—太平洋地区的地缘政治平衡。认识到两国关系的战略重要性，两国可能会努力加强经济合作，同时平衡印度—太平洋其他大国的外部影响。保持外交中立，同时与中国建立有弹性的经济关系，可能是斯里兰卡的一项重要战略。

本章小结

本章深入分析了中斯双边贸易与投资的现状与前景。中斯贸易关系建立在深厚的历史基础之上，中国已成为斯里兰卡的主要贸易伙伴和外国直接投资来源国。双边贸易额稳步增长，中国对斯里兰卡出口以机械、电子设备为主，而斯里兰卡则主要向中国出口茶叶、服装等产品，贸易结构互补性显著。中国在斯里兰卡的基础设施投资，如汉班托塔港、科伦坡港口城等项目，不仅促进了当地经济发展，也深化了两国经济联系。同时，中斯双方在自由贸易协定、投资保护、税收协定等多个领域签署了合作协议，为经贸合作提供了有力保障。展望未来，中斯经贸合作有望在数字经济、可再生能源、工业园区等多个领域实现新的突破。

参考文献

[1] Attanayake C. Unveiling Sri Lanka's agency：empowering infrastructural transformation in China-Sri Lanka relations[J]. Journal of Contemporary East Asia Studies，2023，12（1）：59-86.

[2] 国家统计局.中华人民共和国2023年国民经济和社会发展统计公报[EB/OL].（2024–02–09）. https://www.stats.gov.cn/sj/zxfb/202402/t20240228_1947915.html.

[3] 中华人民共和国商务部，国家统计局，国家外汇管理局.2023年度中国对外直接投资统计公报[M].北京：中国商务出版社，2024.

3　斯里兰卡茶产业

斯里兰卡茶业是国家经济的重要组成部分，其历史可以追溯到19世纪中叶的英国殖民时代。举世闻名的高品质锡兰茶，是这个国家最响亮的名片，长期站立在全球高端茶叶供应链的核心位置，是这个国家的骄傲。斯里兰卡的茶园主要位于该国的中部高地和南部地区，那里独特的气候条件形成了锡兰茶独特的风味和芳香品质，使锡兰茶在国际市场上脱颖而出。斯里兰卡茶业反映了丰富的文化遗产，也代表了一个努力满足现代经济和环境需求的蓬勃发展的经济部门。茶叶是一种主要的农产品出口，为外汇收入作出了重大贡献，并为100多万人提供了就业机会。

斯里兰卡是世界领先的茶叶出口国之一，出口到全球90多个国家和地区，与印度、中国和肯尼亚等在全球范围内竞争。表3-1是2023年茶叶生产、出口和进口的前五大国家（地区）。数据显示，2023年斯里兰卡茶叶产量为25.6万吨，居全球第五位，其出口量达24.2万吨，是仅次于中国和肯尼亚的世界第三大茶叶出口国。尽管产量不及中国、印度等大国，但出口占比高达94.5%，凸显了其茶叶产业高度依赖出口导向的特点。

表3-1　2023年茶叶生产、出口和进口的前五大国家（地区）

序号	生产国家	数量（万吨）	出口国家	数量（万吨）	进口国家（地区）	数量（万吨）
1	中国	325.0	肯尼亚	52.3	巴基斯坦	23.6
2	印度	136.8	中国	36.7	俄罗斯	13.0
3	肯尼亚	57.0	斯里兰卡	24.2	美国	10.4
4	土耳其	26.5	印度	22.5	其他独联体国家	9.0
5	斯里兰卡	25.6	越南	12.1	英国	8.4

资料来源：科伦坡茶叶经纪人协会。

3.1 斯里兰卡茶叶种植的起源

茶树作为山茶属家族的一员，是一种全球性的植物，拥有多达82个命名物种，主要分布在东南亚地区。茶（Camellia Sinensis）作为世界上仅次于水的最受欢迎饮品，其独特的香气和味道成为全球茶爱好者的共同追求。

斯里兰卡的茶叶种植历史颇为迷人，始于1839年12月，当时英国统治者在佩拉德尼亚皇家植物园种下了第一批经过认证的茶叶种子。1867年，詹姆斯·泰勒（James Taylor）在赫瓦赫塔（Hewaheta）卢勒康德拉（Loolecondera）庄园的19英亩土地上，进行了斯里兰卡的首次商业茶叶种植。这一尝试旨在测试以茶作为咖啡的替代作物，因为当时咖啡产业正遭受咖啡叶锈病的严重打击。曾经繁荣的咖啡产业，在叶锈病首次出现后的25年内几乎被摧毁。虽然那段时间金鸡纳作为药用经济作物，被尝试替代咖啡种植，但茶被证明是更为优质的作物，并在斯里兰卡迅速普及。1872年，斯里兰卡首次出口茶叶，到1884年，茶叶产量已突破4.5万吨大关。1992年，在詹姆斯·泰勒逝世100周年之际，英国驻斯里兰卡高级专员约翰·菲尔德评论道："可以说，很少有人能像詹姆斯·泰勒那样，通过自己的劳动深刻影响一个国家的景观。如今，斯里兰卡山区的美丽在很大程度上要归功于他将茶叶种植引入该国的远见卓识。"

茶叶种植的迅速崛起引起了英国商人的关注。杂货商汤姆斯·J.立顿（Thomas J. Lipton）收购了四个种植园，通过消除供应链的中间环节，使普通英国民众也能享受到茶叶的美味。他还改进了茶叶的包装，采用鲜艳的色彩和醒目的广告标语，如"从茶园到茶壶，我们一手包办"。这一策略促成了著名茶叶品牌立顿（Lipton）的诞生，该品牌以亲民的价格迅速赢得了全球消费者的青睐。

3.2 斯里兰卡茶产业的里程碑

斯里兰卡茶产业约200年的发展历史，经历了从殖民时期到现代全球化市场的漫长过程。1824年，英国人引入茶树种植，标志着产业萌芽；1867年，詹姆斯·泰勒的商业化种植开启了规模化生产；19世纪末，科伦坡拍卖制度的建立（1883年）和茶叶研究所的成立（1894年）推动了市场规范化和技术升级；1972年的国有化政策虽短期内稳定了产业，但1980年后的私有化改革（1993年）显著提升了国际竞争力；进入21世纪，斯里兰卡通过地理标志认证（2022年）和可持续农业政策（2021年），强化了品牌价值与全球市场定位。这一历程揭示了政策干预、市场机制与技术创新在产业升级中的协同作用，为发展中国家农业经济转型提供了重要借鉴。表4-2展示了1824—2022年斯里兰卡茶叶发展的里程碑事件。

表 3-2　1824—2022 年斯里兰卡茶叶发展的里程碑事件

1824 年	英国人将第一种茶树从中国引进斯里兰卡，种植在佩拉德尼亚皇家植物园。这一初步步骤虽然不是商业性的，但为该行业的未来增长和成功奠定了基础
1840 年	在努沃勒埃利耶又种植了两批植物（205 株和 30 株）
1854 年	斯里兰卡种植业协会成立，这是该行业发展的关键时刻
1867 年	詹姆斯·泰勒是该行业的先驱，他在赫瓦赫塔卢勒康德拉庄园的 19 英亩土地上种植了第一种商业茶叶
1872 年	詹姆斯·泰勒开办了一家设备齐全的茶厂，卢勒康德拉茶首次在康提销售
1873 年	从斯里兰卡运往伦敦的茶叶首次出现
1876 年	第一家经纪公司 John Brothers 成立
1883 年	第一次科伦坡拍卖在斯里兰卡商业委员会的赞助下举行
1884 年	中央茶厂位于努沃勒埃利耶的仙境庄园茶叶年产量突破 45.4 万千克
1891 年	锡兰茶在伦敦茶叶拍卖会上创下了新的价格标准，达到前所未有的每磅 36.15 卢比，创造了历史
1894—1925 年	通过建立科伦坡茶商协会、科伦坡经纪人协会和茶叶研究所，锡兰茶业得到了加强
1927 年	斯里兰卡创下了生产和销售 10 万吨茶叶的纪录
1932 年	锡兰茶叶宣传委员会成立，禁止出口劣质茶叶
1935 年	国际茶叶市场拓展委员会成立，斯里兰卡是该委员会的创始成员
1941 年	第一家锡兰茶叶经纪公司 Pieris and Abeywardena 成立
1951 年	对茶叶征收出口税
1958 年	成立国家种植园公司
1959 年	科伦坡拍卖会上出售的茶叶征收额外的从价税

1961 年	斯里兰卡茶业产量超过 20 万吨
1965 年	斯里兰卡成为世界上最大的茶叶出口国
1972 年	政府将私人茶园国有化
1976 年	随着斯里兰卡茶叶委员会、贾纳塔庄园发展委员会和小型茶叶控股发展委员会的成立，茶叶产业支持机构得到了扩大，开始出口茶包
1981 年	引入了用于混合和再出口的茶叶进口
1982 年	开始绿茶的生产和出口
1992 年	斯里兰卡在科伦坡举行了一次国际会议，庆祝其茶叶产业成立 125 周年，并于同年成立了茶叶研究局
1992 年	为了鼓励茶叶生产，取消了出口税和寄售税
1993 年	私有化国有茶园使锡兰茶在国际市场上更具竞争力
2000 年	斯里兰卡茶叶产量超过 30 万吨
2001 年	福布斯沃克茶叶经济公司开始在科伦坡茶叶拍卖会上在线销售茶叶；康提成立了茶叶博物馆
2002 年	斯里兰卡茶业协会成立；斯里兰卡成为推广道德来源茶的关键参与者，该国的茶叶行业增加了公平贸易和雨林联盟等认证
2003 年	斯里兰卡茶叶委员会通过"Lion Logo"加强了其质量保证计划，这是一个认证标志，向消费者保证带有该标志的茶叶是斯里兰卡包装的 100% 纯锡兰茶
2011 年	斯里兰卡开始使用臭氧有益纯锡兰茶商标，以确保 100% 的臭氧友好性
2017 年	斯里兰卡通过一次国际会议和一系列教育项目庆祝其茶业 150 周年，包括泰勒雕像和全球锡兰茶协会的成立
2021 年	出台了鼓励有机农业的政策，包括暂时禁止使用化肥和杀虫剂，表明了对可持续性和质量的承诺
2022 年	斯里兰卡获得了锡兰茶的地理标志（GI）地位，该地位在法律上保护锡兰茶的名称和质量，有助于在全球范围内保护其真实性和价值

资料来源：斯里兰卡茶叶委员会、科伦坡茶叶经纪人协会和斯里兰卡茶叶博物馆。

3.3 斯里兰卡茶产业发展概况

茶产业对斯里兰卡经济的贡献主要体现在外汇收入、政府税收和创造就业机会上。2023 年，斯里兰卡茶叶出口额为 12.9 亿美元，占其国内出口总额的 11.26%，约占世界茶叶出口总额的 16%，使其成为世界第三大茶叶出口国。

2023年，斯里兰卡茶叶种植总面积为267 186公顷。茶园及其管理标准细分为私人（60%）和国有部门（40%）。茶叶种植分布在该国的几个适合茶叶生长的湿润地区。48万多名小农户占该国年茶叶产量的75%，其中60%以上的人拥有不到3亩的茶园。

斯里兰卡有七个主要的茶叶产区：努沃勒埃利耶、丁布拉、鲁胡纳、萨巴拉加穆瓦、康提、乌瓦和乌达普塞拉瓦。每个地区都有独特的风味、香气和颜色特征，这些特征是由独特的气候和土壤条件形成的。斯里兰卡中部高地，包括努沃勒埃利耶、丁布拉和乌瓦，出产以充满活力的味道和浓郁的香气而闻名的高品质茶。这些生长在海拔3 500～5 500英尺的高海拔地区的高熟茶，颜色明亮，呈金色，香气浓郁，迎合了全球优质茶叶市场。

生长在海拔2 000～3 500英尺的中海拔地区的中熟茶，颜色丰富，风味均衡，因其多功能性和口感顺滑而在北美和欧洲广受欢迎。生长在海拔2 000英尺以下的低海拔地区的低熟茶，颜色较深，通常味道浓郁。这些茶适合混合，在中东和俄罗斯市场广受欢迎。斯里兰卡茶现在分为八个不同的等级：高熟茶、中熟茶、低熟茶、叶状茶、小叶茶、劣质茶、粉茶和特色茶。每个等级都确保了质量的一致性，并有助于满足不同的市场需求。

斯里兰卡的茶叶市场主要通过四种销售渠道运作：公开拍卖、私人销售、直销和在线交易。科伦坡茶叶拍卖会是世界上最大的单一产地茶叶拍卖会，95%的斯里兰卡茶叶都在这里出售。包括Forbes & Walker Tea Brokers、John Keells Holdings PLC、Asia Siyaka Commodities PLC、Lanka Commodity Brokers Ltd、The Bartleet Group、Eastern Brokers Ltd和锡兰茶叶经纪公司在内的主要茶叶经纪公司在这方面发挥着关键作用。他们不仅促进交易，还提供仓储、分级和设备租赁服务，并确保质量控制，从而塑造茶叶市场的动态。

在国际市场上，Dilmah、Eswaran Brothers和Akbar Brothers等斯里兰卡公司是斯里兰卡茶叶的主要出口商。其他公司则从事混合、包装和分销，以满足全球对锡兰茶的需求。这些公司强调质量、传统和可持续性，在巩固斯里兰卡全球茶叶市场的地位方面发挥着重要作用。它们展示了斯里兰卡茶业的多样性，以及在全球茶叶市场上的影响力。

3.4 斯里兰卡茶产业详情

农业部门仍然是斯里兰卡经济的基石，茶产业是其核心组成部分之一。茶叶是主要的商业农作物。近年来，斯里兰卡保持了稳定的茶叶产量水平，尽管天气变化、有机肥使用决定和经济状况的波动影响了产量。

表3-3展示了2012—2023年斯里兰卡茶产业发展的相关数据。斯里兰卡茶产业在2012—2022年经历了波动，但总体保持稳定的发展态势。茶叶种植面积在此期间保持在20.3万公顷左右，显示出种植规模的稳定性。然而，茶叶产量从2012年的32.9万吨逐渐下降至2022年的25.2万吨，反映出生产环节可能面临的一些挑战，如气候变化或生产效率问题。

在出口方面，斯里兰卡茶叶的出口额和出口量也在不断波动。出口额从2012年的13.4亿美元波动至2022年的12.7亿美元，而出口量则从30.7万吨下降至24.2万吨。尽管出口量有所减少，但茶叶的平均离岸价从2012年的4.36美元/千克上升至2023年的5.41美元/千克，表明斯里兰卡茶叶在国际市场上的价值有所提升。

总体来看，斯里兰卡茶产业在这十年间虽然面临着产量和出口量的波动，但通过提升茶叶品质和市场价值，保持了其在全球茶叶市场中的重要地位。未来，斯里兰卡茶产业可能需要进一步优化生产技术和市场策略，以应对全球市场的竞争和变化。

表3-3　2012—2023年斯里兰卡茶产业发展概况

项　目	2012年	2016年	2017年	2018年	2019年	2020年	2021年	2022年	2023年
面积（万公顷）	22.2	20.3	20.3	20.3	20.3	20.3	20.3	20.3	20.3
产量（万吨）	32.9	29.3	30.8	30.4	30.0	27.8	29.9	25.2	25.6
出口额（亿美元）	13.4	12.7	15.3	14.3	13.5	12.4	13.2	12.7	13.1
出口量（万吨）	30.7	28.9	28.9	28.2	29.3	26.6	28.6	25.0	24.2
平均离岸价（美元/千克）	4.36	4.39	5.30	5.05	4.60	4.67	4.63	5.06	5.41

资料来源：斯里兰卡茶叶委员会、科伦坡茶叶经纪人协会。

生产力和生产成本是相互关联的，生产成本的增加仍然是种植业令人担忧的现象。茶叶的劳动生产率与生产成本的关系更为显著，因为茶叶生产系统需要更多的劳动力。斯里兰卡是主要茶叶生产国中生产成本最高的国家。这影响了该国在全球舞台上的竞争力。在过去十年中，每千克茶叶的生产成本迅速上升。劳动力成本的增加和投入价格的上涨对生产成本产生了重大影响。根据斯里兰卡人口普查和统计局数据，2021—2022年茶叶生产成本为每千克638.99卢比。

2022年的出口市场中，伊拉克是锡兰茶的主要出口目的地，斯里兰卡向伊拉克出口了4.3万吨的茶叶，约占出口总量的17%。其他主要出口目的地是俄罗斯（2.5万吨）、阿联酋（2.3万吨）、土耳其（1.6万吨）和伊朗（1.3万吨）。

表 3-4　2021年和2022年锡兰茶的主要出口市场

国家	排名	2022年出口量（吨）	出口份额（%）	排名	2021年出口量（吨）	出口份额（%）
伊拉克	1	43 245.92	17.29	1	42 455.31	14.85
俄罗斯	2	24 733.19	9.89	2	27 357.32	9.57
阿联酋	3	22 558.45	9.02	3	23 147.84	8.10
土耳其	4	15 595.07	6.23	4	29 745.68	10.41
伊朗	5	13 059.83	5.22	5	15 833.59	5.54
阿塞拜疆	6	12 091.89	4.83	6	10 591.10	3.70
利比亚	7	11 200.52	4.48	7	12 338.99	4.32
中国	8	11 128.88	4.45	8	14 221.53	4.97
德国	9	6 572.92	2.63	9	6 402.80	2.24
智利	10	6 513.52	2.60	10	8 834.92	3.09
前十名总计		166 700.19	66.64		190 929.08	66.79
总计		250 171.34	100.00		285 871.72	100.00

资料来源：斯里兰卡海关。

3.5 拍卖和经纪在斯里兰卡茶产业中的作用

拍卖系统是斯里兰卡茶叶出口的核心，为国际买家提供了便捷的茶叶交易平台。在这一系统中，经过认证的经纪公司作为茶叶生产商与全球市场之间的桥梁，扮演着不可或缺的角色。经纪人在确保斯里兰卡茶叶高质量方面发挥了关键作用，确保其符合国际买家的严格标准。他们通过细致的工作代表生产商的利益，并维护整个销售过程的透明度。经纪公司通常从拍卖茶叶价值中赚取约1.5%的佣金，其中1%由茶厂承担，0.5%由买家支付。经纪公司的主要职责包括从茶厂挑选茶叶样品、评估分级并将其列入拍卖目录。这些目录对买家在投标前审查茶叶质量和特性至关重要。随着行业的发展，经纪公司的角色也日益多样化，从茶叶供应链扩展到仓储、融资、技术咨询和销售等领域。这一扩展增强了他们在行业中的影响力，使他们能够为生产者提供综合服务，从而提升茶叶贸易的效率。

斯里兰卡约95%的茶叶通过出口进入国际市场，其中90%以上通过科伦坡茶叶拍卖市场完成交易，仅有少量通过私人销售渠道。科伦坡茶叶拍卖会成立于1883年，是全球最大且最负盛名的茶叶拍卖中心，由科伦坡茶叶贸易商协会管理，并受斯里兰卡茶叶委员会监管。茶叶委员会作为政府机构，确保拍卖过程的高透明度、高质量和公平性。茶叶委员会对维护拍卖系统的完整性和斯里兰卡茶叶的声誉至关重要。

近年来，科伦坡茶叶拍卖会进行现代化转型，引入了数字和在线拍卖平台。这一变革最初于2020年为应对新冠疫情而实施，随后成为永久性措施。数字拍卖系统不仅提高了全球买家的可访问性，还提高了投标透明度和交易效率。这一现代化举措彰显了行业的适应能力及其对持续进步的承诺。斯里兰卡的经纪人在保证茶叶质量方面发挥了核心作用，他们通过精确的分级确保茶叶符合国际买家的期望。茶叶评估过程涉及感官分析，经纪人需评估茶叶的外观、香气和口感。他们的专业知识确保了斯里兰卡茶叶在全球市场上保持其优质声誉。此外，经纪人还利用其广泛的网络和行业知识，推动市场扩展，开拓新兴市场并提升市场对斯里兰卡茶叶的需求。

科伦坡茶叶拍卖会不仅是重要的出口渠道，还对斯里兰卡经济作出了巨大贡献。通过为茶叶设定有竞争力的价格，拍卖系统帮助各类生产商实现产品的公平市场价值。这种公平性和包容性增强了国际买家的信任，进一步巩固了斯里兰卡作为全球主要茶叶出口国的地位，同时凸显了拍卖系统在国家经济中的重要作用。

通过持续的创新，如向数字拍卖的转型，科伦坡茶叶拍卖会及其经纪公司展现了斯里兰卡茶产业对市场需求和技术进步的积极响应。这一转变不仅体现了行业保持全球竞争力的决心，也延续了其作为优质锡兰茶主要来源的传统。

3.6 政府对产业的支持

斯里兰卡茶产业从政府机构和监管机构的支持中受益匪浅，这些机构在监督、促进和加强该行业方面发挥着至关重要的作用。这些关键机构包括斯里兰卡茶叶委员会（SLTB）、出口发展局（EDB）、茶叶研究所（TRI）、茶叶小生产者发展局（TSHDA）、农业和种植业部等。这些机构共同致力于维护斯里兰卡优质锡兰茶的声誉，支持生产商，并改善全球市场准入。

1.斯里兰卡茶叶委员会

SLTB成立于1976年，是斯里兰卡茶叶行业的主要监管机构。SLTB负责监督、监管和促进该行业，提供关键服务，主要包括：

（1）茶厂和经销商注册，为茶厂和代理商颁发许可证，以确保整个行业的质量和合规性；

（2）质量控制，SLTB对茶叶生产进行检查并实施质量标准，这有助于保持锡兰茶的优质品质；

（3）Lion Logo商标注册，SLTB管理着著名的"Lion Logo"商标，象征着只有获得许可的出口商才能获得符合严格标准的高品质正宗锡兰茶；

（4）出口许可证，SLTB向合格的茶叶生产商和经纪人发放许可证，确保茶叶出口的合法性和质量；

（5）全球推广和营销，SLTB通过活动、贸易展览会和合作伙伴关系在国际市场上积极推广锡兰茶，旨在加强斯里兰卡作为顶级茶叶出口商的地位。

2.出口发展局

EDB在提高斯里兰卡茶叶出口的全球竞争力方面发挥着关键作用。其主要功能包括：

（1）认证和区域能力建设，EDB引入了认证计划和区域能力发展计划，以提高茶叶分级和质量一致性；

（2）品牌开发和推广，EDB支持开发和营销斯里兰卡茶叶品牌，以帮助生产商在国际市场上区分其产品；

（3）贸易便利化，EDB致力于简化贸易法规，改善市场准入，协助出口商应对国际贸易要求和质量标准。

3. 茶叶研究所

TRI成立于1925年，在推动茶叶行业的创新和可持续发展方面发挥了重要作用。其基本功能包括：

（1）科学研究，TRI研究提高茶叶产量、质量和对气候变化的适应能力，包括开发抗病茶品种和优化栽培实践；

（2）技术支持，TRI为小农户和大型庄园提供培训和技术支持，帮助他们采用可持续的做法；

（3）环境可持续性，TRI通过研究环保实践、水资源管理和土壤保持来关注生态保护，确保斯里兰卡茶园的长期健康。

4. 茶叶小生产者发展局

TSHDA支持斯里兰卡茶业的支柱——茶叶小生产者，他们共同贡献了该国茶叶产量的很大一部分。TSHDA的工作主要包括：

（1）能力建设和培训，TSHDA为小生产者提供资源和培训，以提高茶叶生产力和质量；

（2）财政和技术援助，TSHDA为小生产者获得财政资源提供便利，为小生产者提供技术改进和可持续发展实践所需的支持；

（3）倡导，TSHDA在政策讨论中代表小生产者的利益，倡导行业内的公平定价和支持机制。

5. 农业和种植业部

农业和种植业部作为监督机构，在协调这些机构的工作方面发挥着至关重要的作用。其不仅确保这些机构的活动保持一致，为行业的竞争力和可持续性作出贡献，还为茶叶行业制定了总体方向和政策框架。这种协调对于保持该行业作为斯里兰卡经济主要贡献者和全球公认的质量象征的实力至关重要。近年来，这些机构已经接受了符合全球标准的数字创新、可持续性和品牌建设工作。这些努力共同促进了斯里兰卡茶叶的出口，并支持了该行业在面对环境和市场挑战时的韧性，维持了其作为世界著名锡兰茶之乡的传统。

3.7 斯里兰卡的茶产业人才培养

茶产业对斯里兰卡经济至关重要，为就业、出口收入和民族认同作出了重大贡献。然而，尽管茶叶在经济上具有重要意义，但与茶叶相关领域的教育和培训在历史上一直滞后，尤其是在基础教育方面。茶叶教育很少被纳入中学课程，这限制了斯里兰卡最重要的产业之一的早期接触。然而，高等教育和职业培训的不断发展，旨在为未来的专业人士提供茶叶生产、技术和增值方面的专业知识。

乌瓦韦拉萨大学在茶叶相关的学术课程方面处于领先地位，其茶叶技术和增值专业学士学位尤为突出。这项开创性的努力强调茶叶种植、加工和产品开发创新的科学，旨在培养能够推动斯里兰卡茶叶行业进步的毕业生。这是斯里兰卡茶叶教育迈向更光明未来的重要一步。

斯里兰卡还为专业人士和爱好者提供了专门的培训平台。迪尔玛茶学院由世界厨师协会认可，提供基础和高级茶文化课程。这一国际认可确保所提供的培训符合全球标准。课程主题包括品茶艺术、茶与食物搭配以及风土对茶特性的影响。该学院旨在培养对茶的深刻理解，关注茶生产中的遗产、真实性和伦理。

除了学术课程，斯里兰卡还为专业人士和爱好者提供了实用的培训平台。梅尔斯茶叶学院和国家种植园管理研究所等机构提供实践性的茶叶种植、加工和管理课程。这种实用的方法为学习者灌输了信心，让他们为茶叶行业的现实挑战做好准备。

斯里兰卡茶叶研究所在该行业发挥着至关重要的作用，特别是在提高茶叶行业的可持续性方面。通过科学研究，该研究所引入了害虫管理、土壤健康和适应气候的新茶叶品种方面的创新。

斯里兰卡对茶叶教育和培训的日益关注反映了该行业对能够推进茶叶生产、营销、品牌和可持续发展的熟练专业人员的需求。这些教育举措，从大学学位到职业培训，解决了茶产业现代化面临的一些问题，并为斯里兰卡作为高质量、合乎道德的茶叶领导者的声誉作出了贡献。通过为专业人员提供必要的技能和知识，这些举措有望提高茶叶行业的质量、可持续性和生产力，增强斯里兰卡的全球竞争力。通过持续发展茶叶教育，斯里兰卡正在投资培养新一代茶叶专业人才，他们将继承该国在茶叶方面的传统，为其注入创新和韧性，以满足未来全球市场的需求。

3.8 斯里兰卡—中国茶叶贸易

斯里兰卡与中国的贸易关系可追溯至 3 000 年前的古代海上丝绸之路，这种历史渊源在现代得到了进一步深化。斯里兰卡与中国的茶叶贸易始于1824年，当时英国从中国引进茶树，并将其种植在斯里兰卡佩拉德尼亚的皇家植物园进行研究。这一象征性举措为斯里兰卡标志性的茶叶产业奠定了基础。近两个世纪后，中国已成为斯里兰卡茶叶最重要的市场之一。

中国作为锡兰茶的主要进口国，斯里兰卡对中国的茶叶出口量稳步增长。数据显示，2012年，斯里兰卡向中国出口了320万千克茶叶，2013年的出口量增至450万千克，2014年进一步增至530万千克，2015年的出口量达到720万千克，2016年的出口量达到746万千克。在这五年间，斯里兰卡对中国的茶叶出口量激增了133%，使中国成为其增长最快的市场之一。2017年，斯里兰卡对中国的茶叶出口量同比增长33%，达到990万千克，中国由此跻身于斯里兰卡茶叶出口十大市场之列。

中国占斯里兰卡红茶的市场份额在短短几年内从3.4%扩大至25%，显示出双边茶叶贸易的巨大潜力。这一增长势头与中国政府2017年的承诺相契合，即通过共建"一带一路"促进斯里兰卡红茶进入并扩大中国市场，从而推动区域经济合作。

然而，斯里兰卡茶叶出口的增值形式仍面临挑战。目前，斯里兰卡出口到中国的茶叶约95%以散装形式运输，由中国进口商在当地进行包装。为应对这一问题并增强竞争优势，斯里兰卡正通过推广品牌包装产品来提升茶叶出口的附加值。此举旨在为斯里兰卡创造更多价值，同时满足中国消费者对优质品牌茶日益增长的需求。

共建"一带一路"为斯里兰卡提供了战略支持，使其能够通过对茶叶加工和品牌的投资，进一步巩固在中国市场的地位。此外，两国在斯里兰卡—中国战略合作框架下加强了伙伴关系，致力于推动茶产业的可持续和互利增长。

如今，锡兰茶作为高质量、单一产地产品的声誉与中国消费者产生了强烈共鸣，尤其是他们对食品和饮料的真实性与可追溯性日益重视。斯里兰卡通过开发品牌茶产品，不仅能够满足中国市场的需求，还能将更新鲜、更精致的锡兰茶直接带给中国消费者，从而巩固两国之间的长期贸易关系。这一战略不仅体现了斯里兰卡对经济韧性的承诺，也反映了两国在经济增长和文化交流方面的共同愿景。

案例故事

Dilmah：诚信创新的锡兰茶开拓者

Dilmah是斯里兰卡首屈一指的红茶品牌，以其正宗的单一产地锡兰茶而闻名于世。Dilmah由茶叶行业的先驱人物Merrill J. Fernando创立，其愿景是恢复斯里兰卡茶叶生产商的价值，挑战几十年来斯里兰卡茶叶大量出口到国外市场的国际贸易体系，在那里由大公司进行加工、品牌化和销售以牟利。该系统将大部分利润留在斯里兰卡境外，使当地生产商的收入有限，并加剧了斯里兰卡茶叶工人和行业面临的经济困境。

1974年，Merrill J. Fernando创立了MJF出口有限公司，将其定位为世界上整合程度最高的家庭茶叶公司之一。这种整体结构使Dilmah能够保持对每个生产阶段的控制，确保为消费者提供优质和正宗的锡兰茶。到1988年，Fernando推出了Dilmah，成为全球市场上第一个生产商拥有的茶品牌。这一革命性举措不仅带来了一种将生产者与消费者直接联系起来的新方法，消除了对中介的需求，而且为客户带来了更新鲜的茶叶，为斯里兰卡生产者带来了更公平的回报。Dilmah致力于创新和道德商业实践，真正彻底改变了茶叶行业。

Dilmah的传统深深植根于其对质量和道德商业实践的坚定承诺。每种茶都是在原产地种植、手工采摘和包装的，确保了无与伦比的新鲜度和真实性。使用正统的方法，Dilmah红茶经过风干、揉捻、氧化和烘烤，达到完美，捕捉到定义优质锡兰茶的精致风味和香气。这种对传统正统方法的承诺保留了反映斯里兰卡丰富生物多样性景观的独特风土特征，确保了最高质量和完整性的产品。

作为单一产地概念的先驱，Dilmah强调锡兰茶的纯度。它抵制了混合多种来源茶叶的行业趋势，这种趋势会稀释茶的独特品质。每一种Dilmah茶都体现了斯里兰卡特定地区的独特土壤、气候和条件，提供了丰富而独特的风味。

Dilmah也是茶叶创新的领导者，于2006年推出了Watte系列，这一系列是来自斯里兰卡四个最好种植园的特定地区茶叶。最近，Dilmah推出了T系列，这一系列是高端手工茶，提供传统和现代品种，满足了全球对优质茶体验日益增长的需求。

Dilmah的奉献精神不仅限于茶。该公司通过Fernando创立的MJF慈善基金会大力投资于社会责任，以支持斯里兰卡及其他地区的贫困社区。该基金会每年通过100多个人道主义项目影响10000多名受益人，从医疗保健和教育到可持续生计和妇女及不同能力个体的赋权计划。

Dilmah认识到全球消费者不断变化的口味和期望，还开发了七星豪华茶体验，这是一种融合了奢华、道德采购和烹饪创意的精致茶体验。这种体验提升了茶文化，使茶成为全球美食和酒店的核心元素。与此相一致，Dilmah举办了Dilmah茶烹饪挑战赛和茶调酒大赛等比赛，激励厨师和调酒师将茶创新地融入美食和饮料中。

今天，Dilmah仍然致力于其质量、真实性和诚信的创始原则。它提供世界知名的锡兰茶，同时促进道德贸易和可持续发展。Dilmah致力于提供最优质的茶叶和富有影响力的慈善事业，重新定义了全球茶业，并为斯里兰卡的茶遗产带来了新的自豪感和繁荣。

资料来源：Dilmah官网。

本章小结

斯里兰卡茶产业作为国家经济的重要支柱，拥有悠久的历史和深厚的文化底蕴。自19世纪英国殖民时期引入茶树种植以来，斯里兰卡逐渐发展为全球领先的茶叶出口国之一，其高品质的锡兰茶在国际市场上享有盛誉。

本章详细介绍了斯里兰卡茶产业的起源、发展历程、现状及其对经济的贡献。斯里兰卡的茶叶种植主要集中在中部高地和南部地区，独特的气候条件赋予了锡兰茶独特的风味和香气。茶产业不仅为斯里兰卡创造了大量外汇收入，还为超过100万人提供了就业机会。尽管面临气候变化和生产成本上升等挑战，但斯里兰卡通过技术创新和市场策略优化，保持了其在国际茶叶市场中的竞争力。

本章还探讨了斯里兰卡茶叶的拍卖系统和经纪公司在茶叶出口中的关键作用，以及政府对茶产业的支持政策。科伦坡茶叶拍卖会作为全球最大的单一产地茶叶拍卖中心，通过现代化的数字平台提高了交易效率和透明度。此外，斯里兰卡通过高等教育和职业培训，培养了大量茶叶专业人才，为产业的可持续发展提供了智力支持。

斯里兰卡与中国的茶叶贸易关系源远流长，近年来，在中国共建"一带一路"倡议的推动下，双边茶叶贸易进一步深化。斯里兰卡通过推广品牌包装产品，提升了茶叶的附加值，满足了中国市场对优质茶叶的需求。

总体而言，斯里兰卡茶产业在保持传统的同时，积极应对现代挑战，通过创新和合作，巩固了其作为全球优质茶叶主要供应国的地位。未来，斯里兰卡茶产业将继续在全球市场中发挥重要作用，为国家经济和文化传承作出贡献。

参考文献

[1] Ceylon Tea Brokers PLC. Annual Report 2023/24[EB/OL].（2024-08-30）. https://ceylonteabrokers.com/annual-report-2023-2024/.

[2] 杜建斌，陈富桥，姜仁华，等.斯里兰卡茶业的发展现状及其对中国的启示[J].世界农业，2017（4）：164-170，227.

[3] Sri Lanka Tea Board. Annual Report 2022[R].（2024-01-22）. https://srilankateaboard.lk/wp-content/uploads/2024/01/Annual-Report-2022.pdf.

4　斯里兰卡旅游业

4.1 斯里兰卡旅游业概况

斯里兰卡旅游业拥有丰富的历史背景，其起源可以追溯到海上丝绸之路的商人和旅行者来访。斯里兰卡旅游业的规范化始于1937年锡兰旅游局的成立，其业务因第二次世界大战而中断。2009年后，斯里兰卡的旅游业得到了长足发展，游客人数显著增加。2018年，斯里兰卡入境旅游人次达到历史最高峰——250万人次，这反映了斯里兰卡作为一个多元化目的地的吸引力。斯里兰卡提供了融合文化遗产、自然美景和探险旅游的丰富旅游资源。从阿努拉德普勒的古代遗址，到米里萨的原始海滩和中央高地郁郁葱葱的绿地，斯里兰卡的旅游产品既有趣又多样。

斯里兰卡旅游业是具有持续韧性的行业，对斯里兰卡经济至关重要。新冠疫情期间的旅游业遭到重创，疫情之后又快速恢复过来。自2022年以来游客人数显著反弹。2023年国际旅游业创造了约20.7亿美元的收入，约占国内生产总值的5.6%，为疫情之后的经济复苏作出了重要贡献。在国际旅游兴趣日益增长的情况下，政府在促进斯里兰卡成为安全旅游目的地方面发挥的积极作用是这一复苏的关键因素，为潜在游客提供了保证。旅游业支持经济增长，在创造就业机会和减贫方面发挥着至关重要的作用，使其成为该国可持续发展的重要支柱。

4.2 主要旅游目的地和景点

斯里兰卡旅游景观的特点是丰富的文化遗产、令人惊叹的自然美景、重要的宗教场所和多样的野外探险。这些景点不仅提升了游客体验，而且通过旅游业在维持全国各个地区经济方面发挥着至关重要的作用。

4.2.1 文化和历史遗址

斯里兰卡拥有丰富的文化和历史遗址，有几个著名的景点吸引了来自世界各地的游客。

（1）锡吉里亚

这座古老的岩石堡垒通常被称为"狮子岩"，因其令人惊叹的建筑和历史意义而被联合国教科文组织列为世界遗产。锡吉里亚建于5世纪末，由国王卡西亚帕一世建造，拥有令人印象深刻的壁画、精致的水上花园和山顶皇宫的遗迹，宫殿高出周围景观近200米。游客可以穿过"狮子的爪子"，看到著名的有古老涂鸦的镜墙。

（2）阿努拉德普勒古城遗址

这座古城以保存完好的遗址而闻名，这些遗址反映了斯里兰卡早期文明的辉煌。作为该国最早的首都之一，阿努拉德普勒拥有重要的考古遗址，包括佛塔、寺院和神圣的菩提树。传说这里的菩提树是佛主释迦牟尼悟道的菩提树的后裔。

4.2.2 自然景点

斯里兰卡提供了令人惊叹的多样化的自然景点。

（1）海滩

斯里兰卡作为岛国拥有世界上最美丽的海滩。美蕊沙（Mirissa）和乌纳瓦图纳（Unawatuna）因其金色的沙滩和充满活力的海洋生物而特别受欢迎，成为放松和水上运动的理想场所。

图 4-1　斯里兰卡美蕊沙海滩（Mirissa）

（2）国家公园

斯里兰卡的国家公园，如雅拉和乌达瓦拉维，是一系列野生动物的家园，以狩猎体验而闻名。雅拉以豹的数量而闻名，而乌达瓦拉维以大象而闻名，为游客提供了与大自然难忘的邂逅。

图 4-2 斯里兰卡雅拉国家公园（Yala National Park）

（3）茶园

努沃勒埃利耶风景秀丽的山丘上点缀着郁郁葱葱的茶园，提供了风景如画的景色，并让人了解斯里兰卡的茶叶生产过程。游客可以探索庄园，品尝世界上最好的茶。

4.2.3 宗教场所

斯里兰卡丰富的精神文化遗产反映在其众多的宗教地标上。

（1）佛牙寺

这是位于康提的一座佛寺。这个重要的佛教圣地供奉着一件据说是佛牙的文物，吸引了朝圣者和游客，他们见证了其精心设计的仪式和丰富的历史。

图4-3 斯里兰卡佛牙寺（Temple of the Sacred Tooth Relic）

（2）亚当峰

这是斯里兰卡的一座神圣山峰，位于斯里兰卡中央高原南端。其因宗教意义和令人惊叹的景色而备受尊崇。每年12月中旬至次年4月中旬朝圣季节期间，朝圣者徒步前往山顶的挑战性之旅会带来令人惊叹的景色和独特的体验。

4.2.4 探险和生态旅游目的地

斯里兰卡可提供多样化的野外活动，以满足有冒险精神的旅行者的需求。

（1）徒步旅行

斯里兰卡岛屿的地形多样，提供了许多徒步旅行的线路，包括沿海小径、埃拉、霍顿平原国家公园等地的山路。

（2）冲浪

由于全年海浪不断，阿鲁甘湾等地在寻求挑战和壮丽风景的冲浪者中很受欢迎。

（3）野生动物之旅

喜欢观赏野生动物的游客，可以在各个国家公园参加野生动物观赏游，在促进生态环境保护的同时，可以领略斯里兰卡独特的生物多样性。

4.3 旅游基础设施

4.3.1 住宿选择

斯里兰卡提供了丰富的住宿选择，旨在满足旅行者的不同需求。

（1）酒店和度假村

斯里兰卡拥有许多酒店和度假村，从希尔顿、香格里拉和万豪等豪华国际品牌，到强调个性化服务的精品酒店。其中许多酒店都位于主要旅游景点附近，为游客提供令人惊叹的景色和方便的当地体验。高端度假胜地通常包括水疗、美食和私人海滩等设施。

（2）民宿

民宿在寻求真实体验的旅行者中越来越受欢迎。民宿让游客沉浸在当地文化中，享受家常菜，并与斯里兰卡家庭密切接触。这种独特的住宿选择能使游客深入了解岛上的日常生活，促进民间文化交流。

4.3.2 交通网络

斯里兰卡拥有通达全岛的交通基础设施。

（1）机场

班达拉奈克国际机场是连接斯里兰卡与全球各国的主要国际门户。近些年，班达拉奈克国际机场提升了乘客体验，改善了设施，提高了容纳不断增长的游客流量的能力。此外，汉班托塔和贾夫纳的其他机场也支持区域互联互通。

（2）铁路和公路网

斯里兰卡拥有完整的铁路系统，可提供风景优美的火车之旅。铁路网跨度约1 450千米，连接科伦坡、康提、加勒和贾夫纳等主要城市。科伦坡—巴杜拉线等著名路线以令人惊叹的景色而闻名。

斯里兰卡公路网不断改善。科伦坡—马塔拉高速公路等为主要城市中心之间的快速交通提供了便利。公共汽车仍然是主要的公共交通方式，国营和私营服务广泛覆盖大都市和农村地区。

4.4 旅游出行方案

斯里兰卡的旅游服务市场提供个性化旅行社、拼车应用程序和豪华火车旅行等多样化出行方案。

（1）旅行社

斯里兰卡的许多旅行社提供量身定制的套餐，以满足游客特定的兴趣，如文化旅游、野生动物狩猎或探险活动。他们通过提供全面的行程来提升游客的旅行体验，最大限度地延长游客在岛上的时间。这些机构通常提供个性化服务，如由专业司机提供的安全交通、住宿预订和私人机场接送服务，确保游客旅途无忧。

（2）当地导游

知识渊博的当地导游对于提升游客体验至关重要。他们为斯里兰卡丰富的文化和历史提供了宝贵的见解，将历史遗迹、自然景点和当地习俗结合起来。来自知名机构的导游经过培训，能够让游客了解他们所参观的地方的引人入胜的故事和事实，从而更深入地了解目的地。

（3）拼车应用程序

Uber和PickMe等服务在城市地区越来越受欢迎，为短途旅行提供了便利的交通选择。这些平台允许旅行者轻松预订行程，同时确保定价透明，这有助于避免传统出租车服务常见的票价纠纷。

（4）三轮摩托出租车"突突车"

三轮摩托出租车是斯里兰卡短途交通的主要方式。它们为在繁忙的街道中穿梭提供了一种有趣而灵活的方式。虽然在大城市以外的地方，车费通常需要讨价还价，但拼车应用程序可以帮助游客提前确定公平的定价，可减少由于讨价还价的不愉快体验。

（5）豪华列车服务

对于那些寻求独特旅行体验的人来说，世博会铁路和Rajadhani Express等豪华列车服务在科伦坡—康提等热门路线上可以提供舒适的旅程。这些列车配备了现代化的设施和风景优美的观景车厢，提升了旅行体验。风景如画的路线提供了斯里兰卡郁郁葱葱的风景和茶园的壮丽景色，使火车不仅是一种交通工具，也是旅游体验中不可或缺的一部分。

（6）空中出租车服务

斯里兰卡航空公司的空中出租车服务提供跨岛的快速空中运输，以便在目的地之间更快地过境。这项服务直接从班达拉奈克国际机场或其他地区机场连接主要旅游目的地，与公路运输相比，大大缩短了旅行时间。

4.5 旅游人口统计和市场分析

4.5.1 游客主要来源国

斯里兰卡旅游市场的特点是来自不同国家的不同游客，反映了该岛的全球吸引力。2023年，印度为斯里兰卡最大游客来源国，入境游客数量为302 844人次，约占游客总数的20.4%。地理上的接近、文化联系和强大的侨民联系对这种涌入作出了重大贡献。印度游客经常被斯里兰卡丰富的文化遗产、美丽的海滩和野生动物体验所吸引。

紧随其后的是俄罗斯，入境游客数量为197 498人次，约占游客总数的13.3%。俄罗斯游客的增加可归因于航空连通性的改善和有针对性的营销活动，这些活动突出了斯里兰卡作为休闲旅游的有利目的地。此外，英国入境游客数量约为130 088人次，约占游客总数的8.7%。英国游客被斯里兰卡的历史遗迹和自然美景所吸引，经常寻求放松和冒险。德国入境游客数量约为102 539人次，约占游客总数的6.9%。中国入境游客数量约为68 789人次，约占游客总数的4.6%。其他重要来源包括澳大利亚（4.5%）、法国（3.8%）和其他几个欧洲国家。这些国家的游客整体塑造了斯里兰卡的旅游业格局。

绝大多数游客（约65%）访问斯里兰卡是为了休闲。这凸显了该岛作为放松、冒险和文化探索的首选目的地的声誉。此外，探亲访友的人数约占游客总人数的10%，表明斯里兰卡侨民与在国内的亲人有着牢固的联系，他们希望与斯里兰卡的家人和朋友保持关系。与前几年相比，来自中国、德国等的游客人数明显增加。这一趋势表明，斯里兰卡正成为吸引新兴市场寻求独特体验的旅行者的目的地。

4.5.2 游客特征

从年龄、兴趣和消费模式来看,访问斯里兰卡的游客呈现出多样化的特征。很大一部分游客年龄为21～30岁,反映出年轻人渴望冒险和文化体验。这一群体往往较少受到家庭责任的束缚,使他们更有可能探索国际目的地。平均而言,国际游客每天的支出约为164.40美元,支出因旅行方式而异。休闲旅行者往往比商务旅行者将更多的资金用于住宿和活动。

游客平均停留8.4晚,有足够的时间探索岛上的各种景点。这表明人们更喜欢沉浸式的旅行体验,而不是快速访问。这反映了斯里兰卡文化遗产、自然美景和野外探险对国际游客的吸引力。了解这些趋势不仅有助于制定旅游服务营销策略,还有助于量身定制旅游服务产品,以满足来自不同背景的游客不断变化的偏好。

4.6 旅游产业政策态度

斯里兰卡政府认识到旅游业的潜力是经济增长的关键驱动力,并实施了多项战略来促进旅游业的发展。这些举措侧重基础设施改善、投资激励、监管框架和可持续实践。为了促进旅游业的发展,政府推出了全面的发展战略,其中包括对道路、机场和公共设施等基础设施的重大投资。通过改善交通网络加强连通性对促进游客更便捷地进入旅游目的地至关重要。此外,斯里兰卡政府还开展了有针对性的营销活动,旨在通过推广斯里兰卡独特的文化遗产、自然美景和野外探险来吸引国际游客。斯里兰卡旅游发展局(SLTDA)在这些努力中发挥着关键作用,与当地和国际利益相关者协调,创造有吸引力的旅游套餐,突出岛屿的多样化产品。

4.6.1 旅游投资激励

斯里兰卡政府为吸引外国投资进入旅游业采取了各种激励措施,包括对酒店开发商的税收减免和对新项目的简化规定。这些措施旨在鼓励当地和国际投资者开发高质量的住宿和服务,以改善整体游客体验。此外,政府还在探索与私人投资者建立伙伴关系,以促进符合全球最佳实践的可持续旅游项目。

斯里兰卡旅游发展局实施旅游行业监管,以确保整个旅游业的优质服务,包括为酒店业制定指导方针、提高安全和卫生标准、坚持旅游环境可持续原则等。旨在通过监管框架来保护游客和当地社区，将环境影响降至最低，同时最大限度地提高经济效益。

4.6.2　旅游业发展期望

斯里兰卡旅游业的前景乐观。到2029年，该行业预计将以每年约10.76%的速度增长，这得益于全球旅游需求的增加和斯里兰卡政府旅游业营销力度的加强。政府对改善基础设施和服务的承诺将进一步支持这一增长预期。

政府已经确定了几项战略建议，以在快速发展的全球旅游市场中保持竞争力。强调环保举措将吸引有环保意识的旅行者，并有助于为子孙后代保护斯里兰卡的自然资源。通过数字平台瞄准利基市场可以有效地吸引对健康旅游、探险旅行或文化沉浸等特定体验感兴趣的潜在游客。持续的交通和酒店基础设施投资对于在保持高服务标准的同时容纳越来越多的游客至关重要。

斯里兰卡旅游业的长期愿景是将该国建设成全球首屈一指的旅游目的地。这一愿景强调利用其独特的文化遗产、令人惊叹的自然景观和著名的酒店，同时确保有利于当地社区的可持续实践。通过优先考虑可持续发展目标，政府旨在创建有弹性的旅游业，不仅提升游客体验，而且为斯里兰卡的社会经济结构作出了积极贡献。

本章小结

本章对斯里兰卡旅游业进行了深入分析，涵盖了其历史背景、主要景点、基础设施、人口统计和政府政策。旅游业对斯里兰卡的经济至关重要，展示了新冠疫情后复苏的韧性。著名的目的地包括锡吉里亚和阿努拉德普勒古城等历史遗迹、佛牙寺和亚当峰等宗教场所，以及海滩和国家公园等自然景点。旅游基础设施包括从豪华酒店到寄宿家庭的多样化住宿选择，以及以机场、铁路和公路为特色的通达各地的交通网络。游客群体主要由来自印度、俄罗斯、英国及其他欧洲和亚洲国家的年轻游客组成，其中中国等国的游客也在迅速增加。政府支持旅游业的举措包括投资激励、可持续实践和改善基础设施。

参考文献

[1] 阿米丽.斯里兰卡旅游业发展研究（2009—2016）[D].上海：华东师范大学，2018.

[2] Gamage H K C.重塑斯里兰卡国家形象:（2010—2014）[D].长春：吉林大学，2016.

[3] 王伟曼.云南企业参与斯里兰卡旅游业开发调查报告[D].昆明：云南财经大学，2014.

5　斯里兰卡电子商务产业

5.1 概述

从20世纪末开始，银行业的数字化和电信业的进步促进了斯里兰卡电子商务部门的逐步发展。最初，一小群熟悉eBay和亚马逊等全球电子商务平台的人在斯里兰卡市场探索创立类似的业务。然而，由于消费者对传统店内购物的偏好、低数字素养、智能手机普及速度缓慢、电商平台大量不合格产品、对线上卖家不信任、物流服务不足以及互联网欺诈等原因，21世纪前10年，斯里兰卡的电子商务没有成长起来。

2011年，斯里兰卡最大的电信服务提供商Dialog Axiata集团旗下wOw.lk开创了斯里兰卡电子商务领域成功样板。wOw.lk专注于从中国、印度、马来西亚和其他邻国进口的低成本电子产品和家居用品。目前，斯里兰卡最大的在线购物平台是Daraz，提供从电子产品到日用品的各种商品，占据了该国超过一半的市场份额。2018年5月，阿里巴巴集团收购Daraz，10月开始国际业务。2019年，跨境业务覆盖了5个国际站点，并成为Daraz平台增长最快的业务之一。其他值得注意的平台有Kapruka Global Shop、Takas.lk、Abns等。

在过去的10年里，斯里兰卡的电子商务行业发展迅速。尽管面临持续的经济挑战，但电子商务的加速增长极大地改变了新冠疫情后时代的商业运营，为斯里兰卡经济作出了积极贡献。

除最初引领电子商务革命的金融机构外，各行各业的主要零售商包括Abans、Singer、Softlogic、Cargills、Keells Super、Glomark、SLT-Mobitel、Dialog等，都开发了自己的电子商务平台。这些平台使它们能够直接与消费者互动，并有效地推广它们的产品和服务。产品质量、交付服务的可靠性和速度以及在线支付网关安全性的提高增强了消费者对电子商务的信心。社交媒体的广泛使用，特别是Meta和YouTube，也在普及电子商务平台方面发挥了重要作用。

互联网基础设施和智能手机使用的增长进一步加强了斯里兰卡的电子商务部

门。根据国际电信联盟（2022年）的数据，手机用户占总人口的58.8%。互联网覆盖率达到52.6%。手机普及率较高，平均每100名居民有115.1部手机，与其他南亚国家相比，斯里兰卡的互联网和移动设备普及度都更高。电信公司采用4G和5G技术，在电子商务发展中发挥了关键作用。与此同时，金融机构一直在开发安全的支付网关，推广数字银行，以支持电子商务的扩张。这些创新的合力作用，大大改善了斯里兰卡的电子商务格局。

Statista预测，2025年斯里兰卡电商市场的收入将突破26.1亿美元，2025—2029年复合增长率将达到10.80%。据估计，1 100万互联网用户中约有43%进行了在线购物，西方省是最大的电子商务市场，约占总订单的50%。在地区层面，科伦坡以31%的订单领先，其次是甘帕哈，占总订单的15%。这集中反映了这些地区的人口密度。然而，有证据表明，科伦坡、甘帕哈和康提等关键城市正在向库鲁内加拉、卡卢塔拉等发展中城市扩张。

自新冠疫情以来，教育服务提供商（包括大学、个人培训服务和私人学费课程）和大型零售商大幅扩大了在线交易和服务。电子商务平台现在为斯里兰卡消费者提供了数百万种全球产品。此外，政府已承诺增加在线应用程序和政府服务支付的使用，并提供新的门户网站，用于提交纳税申报表、纳税和更新税收许可证等。

总体而言，斯里兰卡在电子商务领域具有较大的发展潜力。根据Daraz 2022财年年报（表5-1），斯里兰卡在电子商务领域相较于周边国家具有独特的竞争优势。首先，斯里兰卡的互联网覆盖率达到52.6%，远高于巴基斯坦（36.5%）和孟加拉国（31.5%），为电商发展提供了坚实的数字基础设施支持。其次，斯里兰卡的电商消费增长率为22.5%，虽略低于缅甸（27.4%），但高于尼泊尔（22.4%）和孟加拉国（18.61%），表明其电商市场的消费需求持续增长。最后，斯里兰卡的人均GDP（约3 600美元）虽低于巴基斯坦和孟加拉国，但其相对较高的互联网普及率和稳定的经济增长为电商市场的扩展提供了良好的经济基础。

表 5-1　2022 年斯里兰卡与周边国家的电商市场概况

国家站点	市场人口	GDP（美元）	互联网覆盖率	电商消费增长率
巴基斯坦	2.23 亿	3 828 亿	36.5%	24.5%
孟加拉国	1.6 亿	4 607 亿	31.5%	18.61%
斯里兰卡	2 200 万	792 亿	52.6%	22.5%
尼泊尔	3 000 万	390 亿	38.4%	22.4%
缅甸	5 500 万	692 亿	45.9%	27.4%

资料来源：Daraz 2022 财年年报。

5.2　斯里兰卡的电子商务发展前景

Daraz 在 2022 年进行的一项调查显示，斯里兰卡各地广泛使用电子商务购买商品和服务。最受欢迎的类别包括手机、智能手表、移动电源、蓝牙扬声器和笔记本电脑，而手袋和鞋子是互联网用户搜索最频繁的时尚商品。电子产品、时尚、杂货、生活方式产品以及手机和平板电脑为购买较多的几个类别。

约 56% 的互联网用户表示，他们在看到在线广告后购买了产品或服务。近年来，斯里兰卡 B2C 电子商务网站经历了显著增长，提供了广泛的消费品，包括杂货、服装和电子产品。此外，中小型企业越来越多地利用社交媒体平台为产品做广告、接受订单和接受付款，凸显出这些企业在电子商务平台上运营的潜力越来越大。

随着斯里兰卡智能手机用户数量的持续增长，移动商务预计大幅增长，越来越多的消费者选择通过移动设备购物。这一趋势将推动电子商务平台通过开发用户友好和响应迅速的移动应用来提升其移动购物体验，这些应用程序将提供无缝导航、安全交易和基于用户偏好的个性化推荐等服务。

随着斯里兰卡电子商务市场的成熟，Kapruka 和 PickMe 等本土企业预计扩大其产品和服务，以满足斯里兰卡消费者不断变化的需求。这一战略可能涉及与国际品牌的合作、改善物流和"最后一英里交付"服务，以及引入创新的支付解决方案来提升整体购物体验。随着电子商务领域竞争的日益激烈，预计出现迎合特定客户群体或产品类别的利基平台。这一趋势将有助于满足斯里兰卡消费者的多样化需求，并为他们提供量身定制的个性化购物体验。

整合人工智能（AI）、机器学习和增强现实（AR）等先进技术，将在塑造斯里兰卡电子商务的未来方面发挥关键作用。这些技术可以帮助电子商务平台提供个性化推荐、虚拟试衣间和聊天机器人辅助的客户支持，提升整体客户体验，推动该行业的进一步增长。

随着消费者越来越具有环保意识和社会意识，对可持续和道德产品的需求将继续增长。斯里兰卡的电子商务平台必须通过提供环保产品、透明的供应链信息以及与对社会负责的品牌合作来适应这一趋势。

受斯里兰卡"双十一"、"黑色星期五"和圣诞节等重大销售活动的推动，所有类别在11月和12月的销售收入和订单量都有所增加。这种与全球购物趋势的一致性表明斯里兰卡电子商务的发展轨迹是积极的。

在斯里兰卡的网购者中，85%的人表示曾在Daraz上购物，94%的人使用Daraz移动应用程序，该应用程序可在iOS和Android两种移动操作系统上使用。Daraz移动应用程序被认为是斯里兰卡iOS和Android平台上最好的在线购物应用程序。

斯里兰卡的网上购物者分为三大类，具有不同的购物行为特征。18～24岁的"年轻网购者"是喜欢紧跟最新趋势的休闲购物者。他们精通技术，对品牌忠诚，对价格不那么敏感。25～30岁的"消息灵通购物者"在购买决策中优先考虑质量和可靠性。虽然存在品牌忠诚度，但他们也寻求最好的交易和闪购，大多数人购买个人和家居用品。31～35岁的"定居成年购物者"倾向于根据自己的需求购物，并遵守预算。他们注重质量，较少实验，重视快速交付。

斯里兰卡目前主要有Dialog Genie、Sampath Bank、Hatton National Bank（HNB）、Nations Trust Bank（NTB）、FriMi、Seylan Bank、The Hongkong and Shanghai Banking Corporation（HSBC）、Dialog eZ Cash（移动支付）、Mobitel-mCash（移动支付）、PayPal、Stripe、2Checkout、Google Pay等十多种线上支付工具。电商平台卖家采购最常用的支付工具是电汇（Telegraphic Transfer，TT）与PayPal。消费者线上购物常用的是数字钱包，如Sampath Bank、Seylan Bank、Dialog Genie等。大部分支持Visa、MasterCard和本土银行卡付款，兼容主流电商平台，为消费者提供流畅便捷的网购

体验，推动了跨境电商的快速发展。虽然PayPal等全球电子商务平台在斯里兰卡可用于海外购物，但由于退款机制不足和对进口收据的限制，支付体验不佳。斯里兰卡银行发行的信用卡进行外币交易征收2.5%的印花税，但本币交易免征此税。

斯里兰卡政府通过实施地方法规，促进电子商务发展。2006年第19号《电子交易法》通过消除法律障碍和确保国内和国际法律确定性，为电子商务提供了便利。其他相关法律包括1995年第14号《证据法》、2005年第28号《支付和结算系统法》、2006年第30号《支付设备欺诈法》和2007年第24号《计算机犯罪法》。斯里兰卡于2015年批准《联合国电子委员会公约》（UNECC）后，政府于2017年修订了《电子交易法》，以提高电子商务和电子商务提供商的法律效力，并确保电子合同的国际有效性。

5.3 电子商务的发展与中小企业

电子商务正在重塑斯里兰卡零售业模式，并在广泛的互联网技术（IT）整合推动下成为一种重要的商业模式。电子商务在推动中小企业发展方面的潜力尤其值得注意。电子商务具有显著降低成本、扩大市场、提高竞争力和增加利润的潜力，为中小企业带来了希望和光明的未来。

互联网推动的电子商务有效地缩小了全球市场，促进了更快、更便宜的交易。它为买卖商品提供了一个通用平台，允许企业在线共享信息、维护关系和进行交易。随着互联网技术的进步，越来越多的企业正在投资电子商务，以满足不断变化的业务需求。

然而，斯里兰卡的中小企业部门很脆弱，面临着诸多挑战。中小企业需要支持，包括财政支持、业务创新支持和平衡监管与效率。当前，斯里兰卡电子商务中小企业发展面临以下诸多问题。

从中小企业自身而言，企业面临缺乏技术知识和硬件设施，而开发数字网络和网站的高昂成本以及不确定的投资回报进一步阻碍了中小企业接受电子商务。此外，其能与全球领先企业竞争的高水平行业员工供给不足，劳动力整体计算机素养和技能较低。这都限制了中小企业从传统商业模式向数字商业模式过渡的能力。

企业外部障碍包括基础设施问题，如互联网连接不良和农村地区银行设施有限，阻碍了电子商务的发展；社会和文化障碍带来了重大挑战，如消费者对数字交易的信任度低和信息通信技术（ICT）知识有限；此外，政治和法律障碍包括缺乏支持性的国家政策和税收制度，进一步使中小企业的电子商务格局复杂化。

农村中小企业往往需要帮助来确定和进入可行的市场。许多卖家预计在扩大客户群方面会遇到困难，主要是对可寻址市场的信息了解有限，以及对具有多个中介机构的复杂供应链的依赖。虽然卖家渴望通过利用B2C和C2C模式接触客户，但他们面临着一系列重大挑战。物流问题持续存在，特别是偏远地区。由于缺乏快速可靠的物流服务，一些包裹不得不长途跋涉才能到达指定地点，这限制了电子商务的经济性。

尽管存在这些挑战，但斯里兰卡政府和私营部门已开始努力通过信息技术促进中小企业发展。通过改善基础设施、培训和宣传以及支持性政策，斯里兰卡可以为中小企业创造发展电子商务的机会。提高电子商务的宣传，可以促进社会对电子商务的正确认识，让中小企业更好地了解电子商务投资的潜在回报，从而更积极地投资。为了增加对在线支付的信任，政策制定者应该建立一个法律框架，提高数字交易的可靠性。这将促进中小企业的增长，为国家的整体经济发展作出贡献。

应对这些挑战需要协调一致的努力。无论形势如何变化，政府都应该领导支持电子商务发展的基础设施建设，创造一个支持电子商务发展的稳定政策环境。只有这样，斯里兰卡才可以建立一个有弹性的、支持ICT的中小企业部门，使其能够在数字时代蓬勃发展。

5.4 电子商务发展的对策与建议

受益于互联网普及率的提高、智能手机的使用以及消费者行为向网上购物的转变，斯里兰卡电子商务行业预计在未来几年持续保持增长。为了充分发挥斯里兰卡电子商务的潜力，关键利益相关者——政府实体、大型私营公司、非政府组织和能力建设机构之间的协作至关重要。针对利益相关者如何弥合城乡数字鸿沟，最大限度地发挥电子商务效益，提出以下对策建议。

1.扩大物流网络

应利用政府和社会资本合作（PPP）将物流和配送网络扩展到农村地区，改造最初为传统零售贸易设计的现有基础设施，以更好地支持电子商务。例如，促进商业物流商和国家邮政服务之间的合作，提高农村卖家的包裹投递和买家的取件便利性。可以将政府办公室、社区中心和当地商店纳入物流网络站点中，在那里可以收集包裹，然后转移到城市物流中心。

2.提高数字素养

斯里兰卡迫切需要一个连贯的政策框架来解决广大居民，尤其是农村地区居民的数字素养差距问题。有必要增加各类知识培训，以提高民众数字素养。各类主体还应投资英语和数字技能发展计划，旨在提升从事电子商务的基本技能，缩小农村社区参与电子商务的技能差距。

3.宣传电子商务创新创业成功案例

为了建立对电子商务的信心，提升投资意愿，政府、私营部门应开展各类宣传计划。通过卖家社区和"点对点辅导计划"等线上和线下传播渠道，分享农村电子商务卖家的成功案例和经验，为寻求扩大电子商务业务的卖家提供灵感和实用知识。

4.促进创新创业孵化

为了确保电子商务卖家的可持续成功，孵化和商业规划支持至关重要。政府、行业协会等应协助中小企业制订稳健可行的业务计划，以在动态市场中设定现实目标和持续增长。应提供量身定制的孵化计划，为卖家提供一个结构化的环境，以应用他们的技能，测试商业概念，指导并建立独立的商业管理框架。对电子商务卖家的孵化支持应侧重产品开发、品牌推广、销售数据利用，并利用营销和促销策略来促进销售和长期增长。

基于上述建议，为了真正发挥中小企业在斯里兰卡电子商务发展中的作用，政府、私营部门和非政府组织的利益相关者必须共同努力。这种合作将促进全国的包容性经济增长和可持续发展。

5.5 斯里兰卡电子商务领域的主要参与者

在斯里兰卡,受欢迎的电子商务平台包括本土和全球参与者,其中 Daraz、Kapruka、Lassana、PickMe、Uber、Airbnb 和 Booking.com 是使用较广泛的几个平台。Kapruka、Lassana 和 PickMe 是本土平台,而全球电子商务巨头运营着 Daraz、Uber、Airbnb 和 Booking.com。这种原产地和市场存在的差异会影响定制程度、对当地偏好的理解以及提供的产品和服务范围。以下是斯里兰卡市场上 4 家著名的本土电子商务运营商的简要介绍。

5.5.1 案例 1:Daraz

Daraz 是阿里巴巴集团的子公司,也是斯里兰卡领先的电子商务平台,提供从电子产品到时尚和家用电器的各种产品。作为阿里巴巴的南亚子公司,Daraz 通过合并 Daraz Sri Lanka 将其业务扩展到斯里兰卡,标志着其进入当地市场的重要一步。2019 年,Daraz Sri Lanka 与斯里兰卡首屈一指的电信提供商之一 Dialog Axiata Group 建立了战略合作伙伴关系。这种合作不仅优化了管理和运营,还促进了数字商务平台的整合,将访问者从 wOw.lk 重新定向到 Daraz.lk。阿里巴巴认识到斯里兰卡市场的潜力,投资扩大了 Daraz 的业务,到 2019 年 Daraz 团队的员工数从约 150 名增加到近 700 名,反映了该地区电子商务的强劲增长轨迹。

Daraz 的用户群超过 50 万,因其用户友好的界面、有竞争力的价格和高效的交付服务而广受欢迎。Daraz 与阿里巴巴生态系统的联系使其能够获得丰富的资源和专业知识,从而实现快速扩展并满足斯里兰卡市场不断变化的需求。尽管 2022 年面临经济挑战,但该公司仍专注于复苏和增长,特别是对主要零售品牌而言。通过适应不断变化的消费趋势、扩大产品范围和实施创新战略,Daraz 旨在利用新兴机遇将斯里兰卡定位为全球电子商务格局中的关键参与者。

尽管在新冠疫情后的环境中,电子产品、家用电器和家具等类别的销售额有所下降,但对食品杂货、家用必需品、时尚以及健康和美容产品的需求显著增加。为了应对这些不断变化的市场条件,Daraz 继续确保其平台的质量、多样性和定价能够满足不同的消费者需求和不同的预算限制。为了刺激网上购物并提高消费者的消费能力，Daraz推出了新的活动，包括"首日促销"和"Mart Sunday"。此外，该平台还将Daraz Mart系列扩展到Daraz Fresh，为消费者提供24小时内将蔬菜和水果送到家门口的服务。Daraz从阿里巴巴的淘宝平台汲取灵感，推出了Daraz Mall。这个在线品牌展馆专注于与知名品牌建立联合业务伙伴关系，从而扩大平台的高端产品。加入Daraz Mall可以让企业利用更重要的在线机会，让每个合作伙伴关系都根据企业的独特需求量身定制。

在竞争激烈、节奏快的电子商务世界中，Daraz以"协调与协作大师"的称号而闻名。这种方法对于提供用户友好的技术和培养当地人才至关重要。Daraz还受益于成为更广泛的阿里巴巴集团的一部分，使其能够与Lazada和Trendyol等全球电子商务领导者合作。这些合作促进了思想交流和共同愿景，推动了Daraz电子商务生态系统的发展。区域协调导致地方创新的一个典型例子是Daraz的"现在购买，以后支付"应用程序Koko Pay。尽管Koko Pay在斯里兰卡孵化和推出，但它的成功使其在其他Daraz市场得到了采用，通过创新的支付解决方案促进了金融普惠。

除提供电子商务平台外，Daraz还致力于为斯里兰卡企业和企业家提供支持，让他们学会利用平台技术、物流和支付生态系统来发展业务。这些教育项目鼓励各种规模的企业探索电子商务，并将其作为超越地理界限的可行选择。特别强调支持中小微企业部门，使其能够获得新的客户群，制定创新的品牌战略，促进多渠道销售增长。鉴于斯里兰卡的战略位置、强大的基础设施和熟练的劳动力，Daraz承诺该国在发展电子商务的区域专业知识和技能方面发挥着关键作用。这一承诺的一个例子是在斯里兰卡设立Daraz区域公司事务部。

Daraz采用各种策略来维护一个用户友好的平台，并在其4个关键业务部门（商业、服务、支付和物流）创造价值。该公司不断专注于简化卖家的平台，确保他们实现最大的可见性，并使消费者更容易完成交易，包括接受或退回产品。此外，Daraz还优先考虑其配送服务的效率，确保包裹快速可靠地送达。通过始终如一地关注这些关键领域并寻求创新的解决方案，Daraz提供了无与伦比的电子商务体验，为卖家、客户和合作伙伴带来了信任、便利和成功。该公司仍然致力于为所有利益相关者创造一个无缝且有益的电子商务生态系统。

展望未来，Daraz制定了雄心勃勃的短期目标，包括随时提供广泛的产品，并解决斯里兰卡消费者面临的供应链挑战。此外，Daraz旨在扩大其在斯里兰卡零售业的市场份额，并推动数字支付的使用。通过这些变革性的努力，Daraz继续利用电子商务的力量来提升社区，为斯里兰卡的经济增长作出贡献。

5.5.2 案例2：Kapruka

Kapruka成立于2003年，是斯里兰卡电子商务的先驱，其愿景是为在线客户提供世界一流的服务。Kapruka最初的设想是帮助外籍人士向家乡的亲人送礼物，其开端包括一家玫瑰农场，使创始人能够提供鲜花递送服务。从那时起，该公司经历了指数级增长，发展成一家在斯里兰卡拥有300多名熟练员工的全球性实体。Kapruka已与300多个知名品牌建立了合作伙伴关系，提供各种优质的本地和国际产品。

如今，Kapruka是斯里兰卡一个著名的当地电子商务平台，满足了广泛的客户需求，包括网上购物、礼品递送和活动管理。该平台拥有超过30万注册用户，凸显了其强大的市场地位。Kapruka的成功归功于其对斯里兰卡消费者偏好的深刻理解，以及其提供卓越客户服务和广泛产品系列的承诺。这些因素培养了忠诚和满意的客户群，Kapruka的创新方法推动了其持续的成功。

在追求多样化的过程中，Kapruka已扩展到各种垂直领域，如"最后一英里交付"、"跨境电子商务出口"、"中小企业市场"、"分类商品"和"支付解决方案"。此外，该平台还涉足"亚马逊/eBay模拟进口"、"新鲜农产品和花卉种植"、"B2B烘焙服务"和"高端咖啡馆"。这一扩张反映了Kapruka的适应性和满足客户与市场不断变化的需求的承诺。

跨境电子商务是一个快速增长的行业，为斯里兰卡品牌进入国际市场提供了重大机遇。Kapruka利用其在这一领域的专业知识，特别是作为亚马逊在斯里兰卡的主要卖家。它使当地生产商能够在亚马逊等全球平台上展示他们的产品，该平台为180多个国家的客户提供服务。Kapruka促进了按需库存向亚马逊配送中心的出口，从而在当地生产商和全球市场之间搭建了无缝的桥梁。这一举措使斯里兰卡工匠、茶叶贸易商和设计师首次向全球用户介绍他们独特的产品。

然而，跨境电子商务的复杂性，特别是在国际支付和海关监管等领域，有很多问题需要解决。Kapruka积极解决这些问题，确保当地生产商充分了解潜在问题，如意外的政府征税，这可能会导致客户不满和退货。通过提供全面的指导，Kapruka将这些风险降至最低，确保卖家和买家获得平稳透明的体验。

Kapruka电子商务履行战略是其运营不可或缺的一部分，涵盖了从下单到交付的整个过程。与许多其他平台不同，Kapruka在内部管理库存，避免依赖第三方物流（3PL）提供商。这种方法确保了高效的库存管理、订单处理的无缝集成和交货的实时跟踪。Kapruka"最后一英里交付"由其合资企业Grasshoppers管理，Grasshoppers在保持公司高标准服务方面发挥着至关重要的作用。

Kapruka Global Shop为斯里兰卡客户提供来自亚马逊、eBay、Flipkart、百思买和沃尔玛等全球领先零售商的5000多万种产品。这项服务非常宝贵，因为它使客户能够以显著降低的运费购买商品，使国际购物更加实惠和方便。Kapruka Global Shop的透明定价模式包括运费、关税和服务费等所有成本，确保客户在购买时充分了解最终价格。

Kapruka Global Shop位于科伦坡加勒路，客户可以在店内训练有素的工作人员的帮助下浏览和购买产品。这种店内体验弥补了在线服务的不足，为客户在购物过程中提供了个性化支持的便利。

除了电子商务业务，Kapruka还通过斯里兰卡领先的端到端杂货配送平台Superbox.lk进入了在线杂货配送市场。Superbox.lk由Kapruka创始人Dulith Herath和零售商协会前主席Sidath Kodikara共同创立，提供新鲜、冷藏、冷冻和干燥类别的全方位产品，并提供送货上门服务。该合资企业进一步巩固了Kapruka作为斯里兰卡电子商务领域领导者的地位，不断创新以满足客户的多样化需求。

5.5.3 案例3：Lassana

Lassana Flora（Pvt）Limited成立于1998年，是斯里兰卡花卉行业的先驱力量，特别是在婚礼鲜花方面。在这个行业渴望创新的时候，Lassana Flora凭借其始终如一的创造力、创新和专业精神脱颖而出，迅速成为该国首屈一指的花卉解决方案提供商。认识到对优质鲜花的需求日益增长，该公司利用国际专业知识，与荷兰的Van den Bos、Deliflor、Dümmen Orange和印度的Rise-N-Shine等知名全球合作伙伴建立了合作关系，开设了花卉农场。如今，Lassana Flora是斯里兰卡最大的花卉种植商，在努沃勒埃利耶、韦利马达、贝利胡洛亚和凯佩蒂波拉的苗圃种植百合、菊花和兰花等外来品种，以满足当地和出口市场的需求。

除了婚礼装饰，Lassana Flora 还利用农场种植的鲜花，成为领先的鲜花礼品递送服务公司。该公司进一步将这项服务扩展为一个全面的礼品递送平台，提供各种产品，包括来自其位于 Athurugiriya 的最先进面包店的蛋糕，以及来自其他供应商的礼物，如珠宝、香水和毛绒玩具。

为应对新冠疫情，Lassana Flora 暂时脱离其核心业务，表现出非凡的适应性。为了满足时代的迫切需求，该公司开始直接从农民那里采购蔬菜和水果，通过其电子商务平台 Lassana 提供送货上门服务。这一举措重点利用了公司现有的资源，如冷藏车队、仓储设施、技术以及员工在婚礼装饰方面的专业知识。这一举措不仅有助于在关键时期拉近农民和消费者之间的距离，而且通过改善供应链管理，包括冷藏运输，大大减少了花卉、蔬菜和水果收获后的浪费。这种快速增长的电子商务分销的成功导致了 Lassana.com（Pvt）Ltd. 的成立，这是 Lassana Flora 的姐妹公司。

对新鲜蔬菜需求的增加促使 Lassana Flora 利用其 Belihuloya 农场的非耕地进行蔬菜种植。除自己的苗圃外，Lassana 还在努沃勒埃利耶和丹布拉经营着收集中心，为农村农业和园艺生产者以更优惠的价格进入市场提供便利。这些举措极大地增强了基层种植者的权能，为他们提供了以前无法实现的市场准入。

在过去的两年里，Lassana 的电子商务平台经历了指数级增长和多样化。它最初是一家礼品递送服务公司，现已将其产品范围扩大到包括新鲜农产品、杂货、其他必需品以及鲜花、蛋糕、饼干和其他礼物。为了应对斯里兰卡外汇危机和进口限制带来的挑战，Lassana 推出了一系列符合国际质量标准的内部巧克力和饼干。这些产品现在可以在相关的超市买到，以其作为进口替代品，从而减少对外国商品的依赖，为国家经济作出贡献。此外，这些产品已被引入出口市场，带来了斯里兰卡急需的外汇收入。

Lassana Flora 还以其当地种植的百合和菊花进军出口市场，供应日本、孟加拉国、马来西亚和马尔代夫等国家。该公司甚至将业务扩展到孟加拉国，为现代贸易网点供应鲜花。Lassana Flora 从1998年仅有两名员工的卑微起步，到2019年已雇用了250多名全职员工和50多名兼职员工，这反映了其显著的增长和成功。

在新冠疫情期间，Lassana对员工作出了坚定的承诺，确保没有员工失业或减薪。该公司还努力防止浪费其花卉生产，为每位订购必需品的客户提供免费花束，从而在充满挑战的时期振奋客户的精神。此外，Lassana车队被用来从疫情期间无法交付的供应商那里收集产品。这确保了包括供应商、客户和公司在内的所有利益相关者的互利安排。

5.5.4 案例 4：PickMe

PickMe是斯里兰卡领先的叫车平台，通过提供方便、高效和技术驱动的传统交通方式替代品，彻底改变了交通行业。PickMe成立于2015年，已迅速扩展其服务，以满足全国对可靠城市交通解决方案日益增长的需求。该公司使用用户友好的移动应用程序将乘客与各种交通方式联系起来，包括出租车、三轮车和摩托车，确保无缝的旅行体验。PickMe对安全、透明和客户满意度的承诺，使其在斯里兰卡竞争激烈的网约车行业中获得了可观的市场份额。除了运输，PickMe还将其产品多样化，包括食品和杂货配送服务，将自己定位为按需服务的综合平台。作为一家本土公司，PickMe通过整合先进技术和创新商业实践，为斯里兰卡的数字经济作出了贡献，使其成为该国正在进行的数字化转型的关键参与者。

PickMe在斯里兰卡的叫车和按需服务领域占据主导地位。作为一个本土平台，PickMe利用了其对当地市场动态的深刻理解，使其能够有效地与Uber等国际竞争对手竞争。PickMe不仅提供叫车服务，还提供食品配送、物流和必需品配送等广泛服务，将自己定位为该国的综合性按需服务提供商。它能够满足城市和半城市地区多样化的客户需求，巩固了其作为一个多功能、可靠平台的声誉。

PickMe的成功部分归功于其对本地化的强烈关注。该公司根据斯里兰卡市场的具体需求量身定制服务，从提供适合当地路况的车辆到采用货到付款等流行支付方式。这种方法帮助PickMe建立了一个忠诚的客户群，重视平台对当地偏好的适应性。

PickMe在开发和维护强大的技术基础设施方面投入了大量资金。该平台利用实时数据分析、GPS跟踪和机器学习来优化路线，改善驾驶员分配，并增强客户体验。

这种对技术的关注提高了运营效率和服务可靠性，使PickMe成为许多斯里兰卡人值得信赖的选择。

认识到按需经济的潜力，PickMe将其服务范围扩展到运输以外。通过涉足食品配送（PickMe Food）、杂货配送（PickMe Market）和包裹配送（PickMe Flash），该公司扩大了收入来源，提高了客户参与度。这种多元化战略有助于PickMe降低仅依赖一条服务线的风险。

PickMe与各种企业和政府实体建立了战略合作伙伴关系，以加强其服务交付并扩大其市场范围。这些合作包括与餐馆、零售店、加油站的合作，以及与银行的合作，以促进无缝的数字支付。这样的联盟提高了PickMe的市场占有率，改善了其服务生态系统。

PickMe非常强调客户满意度，提供了实时驾驶员跟踪、透明定价和快速客户支持等功能。定期收集反馈和适应客户需求是其战略的组成部分，确保了高保留率和积极的口碑推荐。

PickMe的表现以用户群和服务产品的持续增长为标志。该平台已将其业务扩展到斯里兰卡的主要城市，展示了其可扩展性和为广大人口服务的能力。在财务方面，PickMe表现出韧性，尽管新冠疫情和竞争加剧带来了挑战，但其仍保持了稳定的收入增长。该公司在疫情期间向食品和杂货配送领域的多元化经营，降低了网约车需求下滑带来的影响，并开辟了新的增长途径。

在运营方面，PickMe拥有庞大的车队和司机，确保了高峰时段的可用性和快速响应时间，其客户满意度一直很高，该平台因其可靠性、可负担性和易用性而受到称赞。PickMe通过执行严格的卫生协议和对安全的承诺，特别是在疫情期间，进一步提高了其声誉和客户信任度。

本章小结

斯里兰卡电子商务产业在过去十年中经历了显著增长，主要得益于互联网普及率的提高、智能手机的广泛使用以及消费者行为的转变。尽管面临经济挑战和基础设施限制，电子商务仍在新冠疫情后迅速崛起，成为推动经济发展的重要力量。本土和国际电商平台如Daraz、Kapruka和PickMe等在市场中占据主导地位，提供了多样化的产品和服务，满足了消费者日益增长的需求。

政府通过立法和政策支持，促进了电子商务的发展，特别是在支付系统和物流网络方面。中小企业也逐渐利用电子商务平台扩展市场，提升竞争力。未来，随着技术的进一步创新和消费者对在线购物接受度的提高，斯里兰卡电子商务产业有望继续保持增长，为国家经济注入新的活力。

参考文献

[1] Trends and Growth of Sri Lanka's E-commerce Industry[N/OL]. Daily Mirror，2020-07-09. https://www.dailymirror.lk/features/Trends-and-growth-of-Sri-Lankas-ecommerce-industry/185-191524.

[2] Trends and growth of Sri Lanka's e-commerce industry：An overview of Daraz e-commerce Index[N/OL]. Daily FT，2020-07-22. https://www.ft.lk/Business/Trends-and-growth-of-Sri-Lanka-s-e-commerce-industry-An-overview-of-Daraz-e-commerce-Index/34-703498.

[3] Thanigaseelan S，Edirisinghe N. E-commerce adoption is a key tool for SME development in Sri Lanka[N/OL]. Daily FT，2021-04-28. https://www.ft.lk/opinion/E-commerce-adoption-is-a-key-tool-for-SME-development-in-Sri-Lanka/14-716907.

[4] Akbarally M. Four lessons for bridging the urban-rural e-commerce divide in Sri Lanka[N/OL]. Daily FT，2024-01-24. https://www.ft.lk/columns/Four-lessons-for-bridging-the-urban-rural-e-commerce-divide-in-Sri-Lanka/4-757705.

6 斯里兰卡机动车市场

6.1 斯里兰卡机动车市场概况

机动车产业在任何经济体中都是至关重要的产业。斯里兰卡的铁路、水路和航空运输基础设施都需要建设，但斯里兰卡内陆运输主要依赖汽车等机动车。斯里兰卡机动车行业在不同方面对经济作出了重大贡献，尤其是为斯里兰卡人民提供了大量的就业机会。斯里兰卡尚未完善的公共交通系统迫使个人需要拥有汽车，至少是摩托车。因此，斯里兰卡虽然经济发展水平较低，但对小型和低成本的机动车有着巨大需求。

近年来，斯里兰卡机动车市场发生了巨大的转变。新冠疫情引发了严重的经济危机，新的国际贸易问题也随之出现。2020年3月，由于旅游收入下降和移民员工的外国汇款减少，政府暂缓机动车进口，以减轻外汇对经济的压力。机动车进口额占该国进口总额的很大一部分，因此，对机动车进口的控制在很大程度上有助于缩小贸易逆差。2020年，机动车进口支出仅占该国进口总额的3%，低于2019年的5%。然而，机动车进口的下降也导致了政府收入的损失，因为2020年对机动车征收的消费税比2019年下降了63%，对机动车征收了13%的奢侈税。由于2023年以来经济复苏缓慢，斯里兰卡政府计划在国际货币基金组织的限制条件基础上取消对机动车进口的限制。

斯里兰卡的机动车产业始于20世纪初，并在最近20年出现大幅增长。根据斯里兰卡交通部的数据，截至2023年9月，斯里兰卡登记的车辆总数约为890万辆。其中，大部分是摩托车（485万辆），其次是机动三轮车（约118万辆）。与此同时，登记的汽车数量为903 245辆。机动三轮车主要用作出租车运送乘客。除这些车辆外，截至2023年9月，斯里兰卡共登记了450 454辆两用车、396 875辆陆地车辆、350 092辆卡车和113 833辆公共汽车。机动车产业的增长主要是由摩托车的增加推动的，其次是机动三轮车和汽车。

现在斯里兰卡机动车市场上有许多国内和国际公司。机动车制造商、进口商、经销商和服务提供商是市场的主要参与者。然而，斯里兰卡的机动车产业依赖从日本、印度、欧洲、韩国、中国和马来西亚进口的全新或翻新的汽车。一些本地组装的汽车进入市场，所占市场份额为20%～30%，为当地经济作出了重大贡献。2018年记录的最高机动车进口总额约为63.65亿元人民币。由于进口禁令，2021年的机动车进口总额降至0.63亿元人民币，只在获得特别许可的情况下进行了有限的进口（图6-1）。

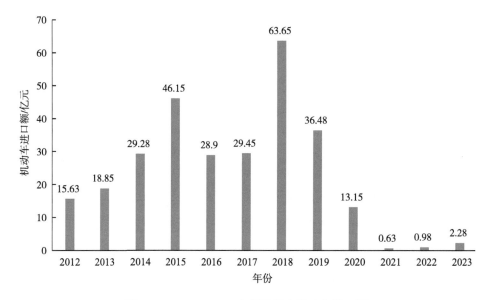

图6-1　2012—2023年斯里兰卡机动车进口额

注：为方便展示，汇率按人民币：卢比=1：40换算。

资料来源：斯里兰卡中央银行（2024年）。

Research and Markets（2023年）的一项报告预计，机动车进口解禁后，居民可支配收入的增加、城市化和对个人交通的需求都有助于机动车产业的增长。

尽管2018年机动车产业增长趋势明朗。但2020年新冠疫情之后，由于进口管制和市场上机动车库存不足，行业参与者遭受了重大损失。因此，该国几乎所有机动车的价格都大幅上涨。此外，进口禁令还引起了该行业10多万名员工的担忧。进口下降导致新登记机动车数量下降。因此，2020年的注册总数达到过去十年中的最低水平，甚至低于2009年全球金融危机时的注册数量（图6-2）。

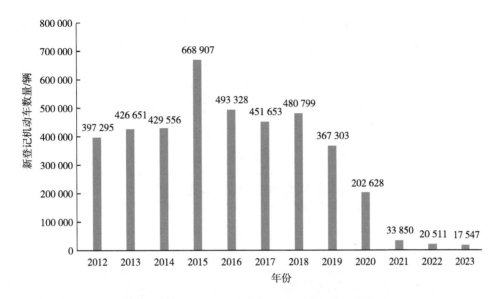

图 6-2 2012—2023年斯里兰卡新登记机动车数量

注：2023年车辆登记数量截至2023年9月。

资料来源：斯里兰卡交通部（2023年）。

2020—2024年，斯里兰卡机动车产业合作伙伴已开始开发进口机动车辆的替代品。政府已批准在国内生产、组装和制造机动车辆的标准操作程序（SOP）。因此，投资者逐渐在当地开设汽车、机动三轮车和摩托车装配厂。根据特殊计划，进口车辆的机会有限。该计划允许在国外工作的人携带外汇，使用外汇汇款进口汽车供其使用。这一许可鼓励外国雇员通过正式渠道汇款。另一项汽车进口计划开放，进口1000辆汽车，以满足旅游业的需求。

政府正在考虑逐步取消进口壁垒，允许行业和个人进口汽车，而不会对国家的贸易平衡和外汇储备产生重大影响。在此背景下，斯里兰卡机动车市场正在从新冠疫情期间的低迷和新冠疫情后的供应链"瓶颈"中强劲反弹。预计该市场在2025—2030年大幅增长。

6.2 斯里兰卡机动车市场分析

斯里兰卡机动车行业的主要参与者，包括国外机动车制造商、全新和翻新车辆进口商和经销商、车辆组装公司、车辆销售商、机动车零部件经销商和销售商、维修和服务中心和个人、车辆经纪人和不同类型的买家（图6-3）。政府在这个行业中发挥着关键作用，制定关键的政策决策和实施法规，确保了可预测和有利的商业环境。斯里兰卡海关部门负责征收车辆进口关税，交通部每年监督车辆登记和其他税费，进一步塑造了行业格局，为机动车行业提供了秩序感和方向感。

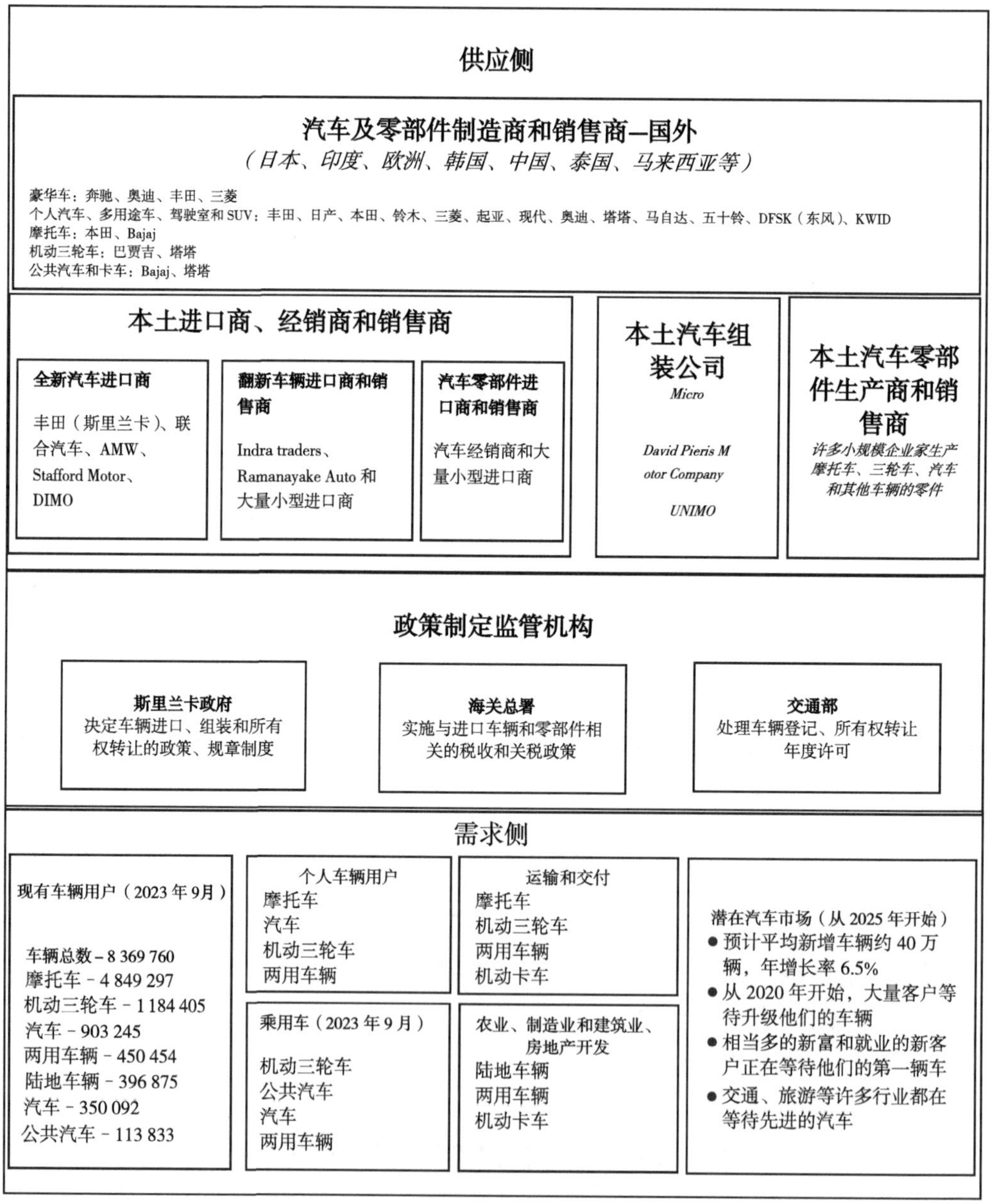

图6-3　斯里兰卡机动车市场概况

斯里兰卡的机动车行业不仅在增长，而且在蓬勃发展，消费需求和GDP增长的激增预示着一个充满希望的未来。政府通过补贴更换旧车和改善基础设施等政策积极支持电动汽车子行业，是这一增长的重要驱动力。这些因素为斯里兰卡机动车市场描绘了乐观的前景。斯里兰卡的机动车市场是吸引全球投资者的重要机会。

斯里兰卡机动车市场研究发现，随着新车型和品牌的推出，机动车市场的竞争逐年加剧。以下主要对七类机动车进行市场分析：摩托车、机动三轮车、汽车、两用车、陆地车辆、机动卡车和公共汽车。

6.2.1 摩托车市场

该国一半以上的车辆和新登记的车辆是摩托车。这些摩托车主要用于个人交通，有些被当作主要交通工具之外的备用车辆。与此同时，随着电子商务和食品配送的发展，越来越多的摩托车被用于配送。新冠疫情之前使用的几乎所有摩托车都是通过燃烧燃料运行的，因为燃料成本低、性能高，吸引了年轻骑手。在印度开始通过追赶日本技术生产摩托车之前，这个市场主要由本田和雅马哈等进口日本摩托车品牌主导，因为它们具有更高的质量、效率和成本效益。印度摩托车占据了最大的市场份额，与日本摩托车相比，印度摩托车价格便宜、燃油效率高。虽然与日本摩托车有相同的性能和外观，但印度摩托车安全性能低。

2020年后，由于燃料成本高和当地货币贬值，传统燃油摩托车价格快速上涨，因此电动自行车的需求增加。进而，摩托车的直接进口也被禁止，这促进了当地组装厂的快速发展，为投资者创造了更多机会，它们与中国著名电动自行车品牌公司建立联系，开始组装低成本、更节能的电动自行车。这些电动自行车可以在斯里兰卡市场上与印度燃油摩托车竞争。2022—2024年，约有30家新的电动自行车装配厂开工。低成本和零件的高可用性成为确保电动自行车行业竞争力的关键因素。此外，太阳能行业的繁荣也将极大地降低电动自行车的运行成本。

斯里兰卡最大公司之一Abans Auto的子公司已开始组装和销售电动自行车，并与中国电动自行车制造商雅迪合作。这不仅意味着中国制造商与斯里兰卡投资者合作在斯里兰卡本土供给电动自行车，同时孕育着向印度和孟加拉国等附近国家以及非洲市场出口电动自行车的可能性。

6.2.2 机动三轮车市场

斯里兰卡第二大机动车类别是机动三轮车。该市场由著名的印度品牌"Bajaj"主导。"Bajaj"的三轮摩托车价格低廉、运营和维护成本最低。这些三轮摩托车主要作为廉价出租车用于客运服务，只有少数三轮摩托车被用作送货车辆。一些三轮摩托车为个人使用，闲时，通过为社区提供交通服务来赚取额外收入。几乎所有的三轮摩托车都用汽油驱动。2023年，斯里兰卡科技公司Vega Innovation推出了名为Elektrateq的电动三轮车。然而，这款电动三轮车的价格对当地客户来说相当昂贵。中国制造商有潜力开发出类似的低成本、高效、更安全、功能更先进的电动三轮车，以满足客运需求。一些当地投资者正在寻找生产这种电动三轮车的合作方。此外，该产品还可以在斯里兰卡已有电动自行车组装厂和其他组装厂组装，从而减少了初始投资的需求。以斯里兰卡为基地，向非洲地区等新兴市场出口电动三轮车是非常好的市场机会。

6.2.3 汽车市场

斯里兰卡市场第三大机动车类别是汽车。汽车主要用作个人和家庭交通工具，被用作出租车和公务车的汽车数量较少。福特、奥斯汀（Austin Motor Company）、名爵（MG）和大众是20世纪斯里兰卡早期汽车市场进口汽车的主要品牌。20世纪80年代后，日本汽车在斯里兰卡市场开始流行，主要是从日本进口二手汽车，进行翻新销售。这一时期，斯里兰卡市场上领先的日本品牌包括丰田、日产、本田、铃木、三菱和马自达，这些品牌因其可靠性、燃油效率和可负担性而占据主导地位。2000年后，印度汽车公司Maruti Suzuki和塔塔（Tata）以小型、经济高效的汽车进入斯里兰卡市场，如流行的Maruti 800cc车型，以满足中等收入客户的需求。印度汽车尽管在安全性、舒适性和技术进步方面相对落后，但设计简单、价格实惠、维护成本低，这是印度汽车相对于日本汽车的主要竞争优势。此外，长期以来，宝马、梅赛德斯－奔驰、奥迪和福特等欧洲汽车品牌在追求奢华和性能的富裕人群中仍然很受欢迎。

韩国品牌现代和起亚也占据了相当大的市场份额。同时，马来西亚汽车品牌派洛多（Perodua）和宝腾（Proton）在斯里兰卡有一定市场份额。中国汽车品牌奇瑞于21世纪初进入斯里兰卡市场，但反响平平。另一个进入斯里兰卡的中国品牌众泰也没有形成重大影响。2020年，斯里兰卡暂缓机动车进口，斯里兰卡企业 Ideal Motor Company 利用这一机会开始与印度的 Mahendra Motors 合作组装和销售 KWID 品牌的汽车。

新冠疫情之后，中国车企东风汽车（DFSK）、北京汽车（BIAC）、比亚迪、奇瑞等正在以其各自的竞争优势进入斯里兰卡汽车市场，有些胜在成本和能效，有些强调先进的舒适性和安全功能。

在斯里兰卡不断壮大的中产阶级和城市化的推动下，新车和二手车的需求强劲。市场潜力是显而易见的，截至2023年9月，斯里兰卡的汽车保有量仍低于100万辆。因此，在汽车产业领域扩大投资和贸易合作有巨大机会。由于燃料成本高和该国拥挤的城市地区，斯里兰卡的客户往往偏好于紧凑型和节能型汽车。随着政府激励措施的增加和对环境问题认识的提高，混合动力和电动汽车作为环保选择越来越受欢迎。跟随全球汽车产业技术趋势，斯里兰卡市场对具有先进安全功能和现代技术的车辆也充满兴趣。除新车市场外，斯里兰卡二手车市场机会也很大，与新车相比，二手车更具有性价比。与汽车产业相配套的金融服务，如贷款、融资租赁服务等的市场机会也同样存在。

6.2.4 两用车市场

两用车辆，也称多用途车辆（MPV），旨在提供多种功能，具有高度的适应性。这些多功能汽车可用于客运和货运，其特点是可以轻松重新配置内部空间，如可折叠或可拆卸座椅。这种适应性为潜在投资者和行业专业人士提供了关于这些车辆多功能性的保证。SUV、MPV、皮卡车、面包车和跨界车都是两用车的例子，这一细分市场在斯里兰卡市场上的车辆数量排名第四。日本、韩国和欧洲品牌一直主导着这个市场，但中国品牌也已经进入该市场。

早期进入斯里兰卡的中国汽车品牌并不顺利。新冠疫情之后，斯里兰卡本土汽车经销商联合汽车公司（United Motors PLC）开启了与中国汽车企业的合作。联合汽车公司（United Motors PLC）是日本三菱集团历史最悠久的经销商。该公司成立了一家名为"Unimo"的子公司，与中国汽车品牌东风汽车合作，将该汽车引入斯里兰卡市场，帮助斯里兰卡客户建立对中国汽车的信任。同时，上汽集团旗下，收购自英国的品牌MG被引入斯里兰卡市场。Unimo在斯里兰卡组装DFSK车型，并在2020年车辆进口禁令后成为斯里兰卡市场上唯一一款全新的两用车。Unimo等斯里兰卡组装生产汽车，证明了在斯里兰卡组装汽车模式的潜力。另一家中国车企北京汽车则与Devid Peiris Motor Company合作，在斯里兰卡组装BIAC X55车型。2024年，又一个重要的里程碑是比亚迪宣布将进入斯里兰卡市场，推出环保电动汽车和SUV。与比亚迪合作的是John Keells PLC，其是一家在斯里兰卡经营的跨国公司，全面经营汽车进口、销售和提供售后服务。

斯里兰卡两用车细分市场存在巨大增长潜力。这不仅是因为越来越多的富裕家庭寻求更好的汽车体验，还因为旅游业、运输业、农业和其他相关工业部门的需求。中国汽车制造商展示了在生产具有先进舒适性和安全性的低成本节能汽车方面的竞争力，将成为斯里兰卡两用车市场的有力竞争者。

6.2.5 陆地车辆市场

陆地车辆一般在建筑工地、工厂和农田内使用，包括建筑车辆（推土机、起重机和挖掘机）、工业车辆（叉车和四轮车）和农用车辆（拖拉机和联合收割机）等。卡特彼勒和JCB等欧洲品牌是最早进入斯里兰卡陆地车辆市场的品牌。之后，小松等日本品牌成为进口的主要品牌。目前，该市场中有许多韩国和中国供应商。印度品牌Mahendra通过推出维护成本低的低价拖拉机进入了农业领域。由于斯里兰卡建筑业、工业和农业的发展和自动化，这类车辆的需求增加。技术先进的中国品牌有望在斯里兰卡陆地车辆市场抢占市场份额。

6.2.6 机动卡车市场

公路运输是斯里兰卡物流的主要方式，因此，卡车是主要的运输工具。农产品、建筑材料、工业原材料和工业产出几乎都使用机动卡车在内部运输。20世纪80年代后，五十铃（ISUZU）、扶桑（FUSO）和日野（Hino）等日本汽车主导了这一市场。然而，印度品牌塔塔和阿肖克·莱兰（Ashok Leyland）卡车在20世纪90年代后很受欢迎，因为它们价格实惠、维护成本较低。斯里兰卡小型卡车的需求量很大，塔塔和马亨德拉（Mahindra & Mahindra，M&M）等印度汽车公司也占据了这一细分市场。2010年后，马来西亚品牌宝腾（Proton）[①]进入了斯里兰卡的运输卡车市场。与此同时，中国一汽也试图进入斯里兰卡卡车市场，未来有可能在斯里兰卡卡车市场与占主导地位的印度卡车和日本卡车竞争。

经济复苏和商业前景的改善也推动了商用卡车需求的增长，商用卡车在电子商务和物流业的增长中发挥着关键作用。斯里兰卡的公司增加了资本支出预算，对新商用卡车的需求激增。随着未来各行业经济活动的扩大，这一增长前景为中国汽车制造商进入斯里兰卡卡车市场打开了大门。

由于斯里兰卡以山地为主，内陆水运在斯里兰卡几乎不可行。将来需要更多地使用铁路运输货物。

6.2.7 公共汽车市场

斯里兰卡水上交通受地理条件限制，空中交通的成本高昂，而铁路基础设施不足，因此，公共汽车是斯里兰卡的主要公共交通方式。作为一个几十年来只关注公路网络的岛国，公共汽车是客运市场的关键设备。斯里兰卡还使用公共汽车提供旅游业、企业政府服务等。殖民时期引入的欧洲公共汽车一直持续到20世纪80年代。之后，印度的阿肖克·莱兰和塔塔，以及日本的五十铃和丰田品牌主导斯里兰卡的这一类型机动车市场。阿肖克·莱兰巴士因其价格实惠、维护成本低和路况匹配而主导斯里兰卡的公共汽车行业。根据政府的公共汽车票价管制，这些公共汽车以非常便宜的价格提供服务，使公共交通更加实惠。然而，这些公共汽车一再被指责设计不佳，导致缺乏安全功能和舒适性低。因此，中国制造商可以通过推出具有安全性和舒适性，且具有性能价格比的公共汽车抢占一部分市场份额。

6.3 斯里兰卡机动车市场的发展趋势

尽管面临挑战，斯里兰卡机动车市场仍表现出非凡的韧性。斯里兰卡在2009年

---

① 2017年6月，浙江吉利控股集团收购了宝腾汽车49.9%的股份，成为其独家的国外战略合作伙伴。

后实现了显著的经济增长，这是机动车市场扩张的主要原因。然而，新冠疫情以及随之而来的经济危机严重打击了该国的机动车市场，并最终导致了机动车进口禁令的出台。当前，斯里兰卡继续通过与不同行业利益相关者合作，制定新的政策，以振兴机动车产业。

几家制造商正着眼于扩大其在斯里兰卡本土的汽车生产基地，响应政府将汽车部门作为主要收入来源的战略目标。斯里兰卡政府正在积极鼓励外国直接投资汽车行业。劳动力供给、研发投入、地理优势和政府支持等因素进一步支撑斯里兰卡汽车工业的发展。此外，包括电动汽车和混合动力汽车在内的汽车技术的持续进步也将进一步推动斯里兰卡汽车市场的增长。

随着经济预期向好和家庭购买力提高，预计到2030年，斯里兰卡的汽车销量将激增，市场将迎来低价汽车领域新的参与者，销售额强劲增长，乘用车和轻型商用车需求稳步上涨。

6.3.1 推广新能源汽车

由于汽油价格低，2020年前斯里兰卡政府推动电动汽车和混合动力新能源汽车的意愿不够强烈，燃油车主导了斯里兰卡的汽车市场。新冠疫情和随后的经济危机造成燃油短缺，加上货币贬值导致燃料成本增加，促使斯里兰卡为工业、交通寻找替代能源。许多个人和企业正在考虑安装太阳能发电设施，为低成本电力开辟道路。与此同时，政府通过为移民雇员发放进口电动汽车的特别许可证来鼓励使用电动汽车。此外，政府还出台了鼓励投资者进入电动自行车组装和电动汽车销售、维修、充电等市场的标准操作规程及相关支持政策。因此，斯里兰卡正在为环保和新能源汽车创造一个有利的市场，这符合全球可持续发展的要求。

6.3.2 对高性价比车辆的需求

由于斯里兰卡公共交通系统的薄弱，许多人无论收入水平如何，都渴望拥有私家车。人们对摩托车、机动三轮车和小型汽车等经济型车辆有巨大的需求。由于斯里兰卡限制高价的二手车，二手车市场并不活跃。因此，许多家庭在期待购买具有高性价比的全新车或翻新车。现在，斯里兰卡已经开始组装燃油摩托车和电动摩托车，但其他经济型汽车的需求仍有待填补。进口和组装经济型的车型，如小型汽车、两用车和小型卡车等在斯里兰卡具有可见的成功机会，因为这迎合了包括中产阶级和收入水平较低的人群在内的大多数消费者。

6.3.3 豪华和高端汽车需求增加

越来越多的斯里兰卡年轻人因为通过数字创业活动成为新富人群，他们拉升了对高端汽车的需求。此外，还有相当一部分长期富有的人群也对高端汽车长期有需求。传统上，他们更喜欢高端的欧洲汽车，少数人也喜欢日本高端汽车。可支配资金的增加和对地位象征的需求是这一富足人群对高端汽车需求的驱动力。

6.3.4 在线汽车销售和租赁日益普及

新冠疫情后，互联网用户增长，普通民众数字素养提升，商业数字化促进了汽车销售的数字化。互联网汽车租赁和销售在斯里兰卡越来越受欢迎，尤其是在年轻客户中。在线销售和租赁平台的不断发展，推动了在线汽车销售和其他基于数字的服务的发展。

6.3.5 可能扩展到区域和国际市场

斯里兰卡汽车制造商可以研究如何向周边区域和全球市场扩张，特别是在南亚、东南亚和非洲。这可以扩展斯里兰卡汽车行业的收入来源，并使消费者基础多样化。

6.4 斯里兰卡机动车产业面临的挑战

斯里兰卡的机动车行业尽管面临挑战，但多年来表现出非凡的韧性和稳定的增长。该行业对汽车制造和组装以及进口和分销国际品牌的关注，带来了积极的影响。斯里兰卡机动车行业面临的挑战主要包括新的颠覆性商业模式带来的风险、利润率下降和投资增加、长期市场波动、高税收和进口关税、税收频繁变化、基础设施有限以及来自邻国的竞争。

6.4.1 频繁的政策变化

由于新冠疫情期间的政治和经济动荡，以及新冠疫情之后情况的进一步恶化，当前，我们需要重新审视斯里兰卡的机动车进口市场。斯里兰卡政府正在考虑从2024年10月起逐步取消机动车进口禁令。这一政策以及相关的一些决定会对机动车行业的市场竞争和价格产生重大影响，使企业难以进行规划和投资。考虑所需的投资，与机动车制造和装配相关的风险相当高，因此，大选后上台的新一届政府需要对该行业政策进行仔细考量。

6.4.2 进口关税和购置税高企

斯里兰卡消费者购买新车成本很高，因为进口关税及其他购置税较高，这阻碍了国际车企进入该国机动车市场。机动车行业的各项税率变动也较大，政府根据经济发展情况频繁调整税率。2024年实施18%的增值税税率，使大多数人负担不起。这些因素不仅影响消费者的购买力，也影响行业的增长潜力。

6.4.3 基础设施有限，道路网络不足

斯里兰卡机动车行业的一个重大障碍是该国基础设施不发达和道路网络落后。交通堵塞和路况不佳会缩短车辆寿命，增加车辆维护和修理费用。

6.4.4 缺乏熟练劳动力和培训计划

斯里兰卡机动车行业另一个需要改进的领域是训练有素的机动车技工不足，生产环节、售后维修保养、零部件生产等环节都缺少机械师和技术人员。斯里兰卡必须组织更多的学校教育和社会培训，以提供更多行业急需的各种类型的技术工人。

6.4.5 本土机动车工业面临二手车市场压制

斯里兰卡本土机动车工业缺少发展土壤。非正规渠道和二手车市场压制了本土机动车工业的发展。由于这些市场的机动车价格较低，受到的监管较少，压制了自产机动车的利润空间，阻挡了投资意愿。尽管如此，斯里兰卡的本土机动车工业仍有望获得发展。这根源于城市化发展进程、居民可支配收入增加以及政府政策激励等基本面的影响。

6.5 案例研究：中斯机动车产业合作

一批中国车企和斯里兰卡投资者致力于向斯里兰卡引进中国机动车品牌。在斯里兰卡的机动车行业，已有多个中斯合作的案例。这些合作不仅涉及技术转让，还包括发展经验知识转移。斯里兰卡众多电动自行车组装公司与中国电动自行车企业合作，进口中国电动自行车的主要部件并学习技术，显示了斯里兰卡投资者在这一领域的积极意愿。

汽车市场是斯里兰卡机动车市场的第三大细分市场，其需求受到多种因素的推动。2023年，汽车行业的进口总额为6.5亿美元。其中，中国汽车可以确保近10%的市场份额；与此同时，日本汽车供应商以2.73亿美元（42%）的进口额引领该市场；其次是印度汽车，进口额为1.43亿美元（22%）。这表明，随着中国的发展，中国汽车制造商进入斯里兰卡汽车市场的潜力巨大。以下两个案例代表了斯里兰卡和中国乘用汽车企业的合作。比亚迪和北京汽车这两个知名中国车企已经从市场调研、产品本地化和品牌推广等方面开始战略性投资。

6.5.1 案例1：JKH与比亚迪在斯里兰卡合作开展新能源汽车业务

2023年11月21日，比亚迪宣布与斯里兰卡最大的上市企业集团之一——John Keells Holdings PLC（JKH）进行战略合作。这一合作关系标志着比亚迪以先进的电动汽车产品进入斯里兰卡市场，旨在推进该地区的可持续交通解决方案。签约仪式在比亚迪位于中国深圳的总部举行，比亚迪亚太汽车销售事业部总经理刘学亮先生和JKH董事长Krishan Balendra先生等主要高管出席了签约仪式。

30年来，比亚迪一直致力于技术创新和环境管理。此次合作使比亚迪能够在斯里兰卡推出先进、环保的乘用车，与多样化的生活方式一致，并将电动汽车作为日常必需品进行推广。斯里兰卡合作方Krishan Balendra先生强调了JKH对可持续发展的愿景："我们的目标是在斯里兰卡推出尖端的电动汽车车型，展示全球技术领先地位，并促进生态友好、可持续的未来。"

比亚迪在电动汽车产业链上积累了全系列自主知识产权，包括电池、电动机和电子控制器的"三电技术"。作为全球唯一一家掌握全部"三电技术"自主知识产权的生产商，比亚迪取得了里程碑式的进步。2023年，比亚迪全年汽车销量为302万辆；2024年，比亚迪全年汽车销量为427万辆。

比亚迪和JKH的合作标志着斯里兰卡在可持续出行方面迈出了重要一步。通过整合比亚迪先进的电动汽车技术，JKH旨在引入最先进的汽车，以增强当地的出行选择，并支持环境可持续发展目标。比亚迪与JKH的合作体现了双方对可持续发展和技术创新的共同承诺。两家公司都致力于促进具有环保意识的出行方式，并通过推出专为斯里兰卡市场量身定制的先进电动汽车，为全球环保工作作出贡献。

6.5.2 案例2：David Pieris Automobiles与北京汽车集团有限公司达成合作

David Pieris集团在斯里兰卡的子公司David Pieris Automobiles（DPA）最近与中国最重要的汽车企业集团之一——北京汽车集团有限公司（以下简称北汽）合作。此次合作旨在通过推出高质量的汽车、创新的产品和强大的售后支持提高客户满意度。DPA与北汽的合作标志着两家致力于汽车制造业创新和质量的行业领导者的融合。David Pieris集团董事长兼总经理Rohana Dissanayake强调了这一合作的变革潜力，他表示："我们的目标是共同在斯里兰卡提供高质量汽车和优秀的售后支持。"这一战略合作凸显了DPA致力于利用北汽的全球专业知识和技术实力来增强其产品供应和市场竞争力。

北汽成立于1958年，前身为北京汽车制造厂，现已成为中国汽车工业的杰出参与者。北汽在世界500强中占有举足轻重的地位，2024年排第192位，突出了其财务实力和全球市场占有率。北汽的产品包括各种各样的私家车（ARCFOX、BEIJING和北汽ORV）、独立商用车（北汽福田、北汽昌河）和合资品牌（北京奔驰、福建奔驰、北京现代汽车和福田戴姆勒），全球累计销量超过3100万辆。该品牌通过遍布110多个国家和地区的360个销售和服务网点运营，覆盖东南亚、中亚和西亚、中东、非洲、中南美洲和欧洲。这种广泛的全球足迹凸显了北汽在不同国际市场的市场接受度和战略定位。

北汽一直处于中国汽车行业技术创新的前沿，与美国汽车公司、韩国现代公司和梅赛德斯–奔驰集团股份公司等主要国际企业建立了合资企业。这些战略伙伴关系促进了技术知识的交流，并为北汽在开发尖端汽车技术和设计方面作出了贡献。

DPA和北汽的合作关系对两家公司都具有重大的战略意义。通过利用北汽的技术进步和全球市场洞察力，DPA旨在增强其产品供应，满足斯里兰卡不断变化的消费者偏好和监管趋势。此次合作有望提升DPA的市场竞争力，并巩固其作为该地区领先汽车分销商的地位。

本章小结

斯里兰卡机动车产业是该国经济的重要组成部分，其主要依赖进口车辆，尤其是摩托车和机动三轮车，占据了市场的主导地位。面临新冠疫情和经济危机的冲击，政府通过进口限制和政策调整，逐步推动市场复苏。近年来，电动汽车和混合动力汽车的需求逐渐增加，反映了全球环保趋势和本地能源成本上升的影响。中国汽车制造商通过与本地企业的合作，逐步进入斯里兰卡市场，提供了高性价比和先进技术的车型。未来，随着经济的复苏和政策的支持，斯里兰卡机动车市场有望继续增长，特别是在新能源汽车和经济型车辆领域。

参考文献

[1] The Central Bank of Sri Lanka. Imports-annual（2007-2023）[EB/OL].（2024-06-05）. https://www.cbsl.gov.lk/sites/default/files/cbslweb_documents/statistics/sheets/table2.03_20240605_e.xls.

[2] Department of Motor Traffic. Vehicle population（2010–2023）[EB/OL]. https://www.dmt.gov.lk/images/2023/total_population/Vehicle_Population_2010–2023.pdf.

[3] Research and Markets. Sri Lanka automotive market，size，share，outlook and growth opportunities（2022–2030）[EB/OL]. https://www.researchandmarkets.com/reports/5713325/sri–lanka–automotive–market–size–share.

[4] BYD's remarkable success in new energy vehicle industry[N/OL]. Daily FT，2024–06–

26. https://www.ft.lk/motor/BYD-s-remarkable-success-in-New-Energy-Vehicle-industry/55-763486.

[5] Global Monitor. Sri Lanka automotive market report – analysing EV trends and car sales volume data[EB/OL]. https://www.globalmonitor.us/product/sri-lanka-automotive-market.

[6] The Sunday Times. David Pieris Automobiles partners with automaker BAIC[EB/OL].（2024-03-17）. https://www.sundaytimes.lk/240317/business-times/david-pieris-automobiles-partners-with-automaker-baic-551312.html.

[7] Daily News. BYD and John Keells Group forge partnership for passenger vehicle business in Sri Lanka[EB/OL].（2023-11-23）. https://www.dailynews.lk/2023/11/23/business/249955/byd-and-john-keells-group-forge-partnership-for-passenger-vehicle-business-in-sri-lanka/.

7 斯里兰卡新能源产业

7.1　斯里兰卡新能源部门概述

斯里兰卡正在朝着可持续能源的未来迈出重大步伐，将重点放在可再生能源上，以满足其日益增长的电力需求，同时实现到2050年碳中和的目标。斯里兰卡的新能源主要包括水电、太阳能、风能和生物质能等。目前，斯里兰卡的发电主要由火力发电（煤炭和石油）、水力发电和可再生能源发电组成。截至2024年，斯里兰卡的装机容量约为4 043兆瓦，计划2025年扩大到6 900兆瓦，其中发展重点是可再生能源的增长。政府制定了雄心勃勃的目标，计划到2030年实现70%的可再生能源发电。这一目标包括从可再生能源中开发3 867兆瓦的额外容量。斯里兰卡的长期愿景是到2050年实现碳中和。凭借多样化的资源组合、到2030年实现大量可再生能源发电和到2050年实现碳中和的明确路线图，该国将自己定位为南亚可持续能源领域的领导者。

斯里兰卡可持续能源局（SLSEA）积极推广各种可再生能源技术，强调了政府对大幅提高太阳能和风能能力的承诺。历史上，水电一直是斯里兰卡发电的支柱，约占总发电量的40%。即便如此，斯里兰卡向可再生能源的过渡并非没有挑战。斯里兰卡面临着影响其能源部门发展的经济制约因素。新冠疫情后的经济危机导致了电力短缺，并增加了对应急火力发电的依赖。

7.2　斯里兰卡的主要可再生能源

1.太阳能

斯里兰卡全年阳光充足，太阳能是斯里兰卡可再生能源战略的主要组成部分。太阳能为斯里兰卡的能源供应作出了重大贡献。截至2024年，该国太阳能装机容量约为1 067兆瓦，目标是2030年达到4 705兆瓦，届时实现70%的可再生能源发电。

政府已推出各种举措促进太阳能电池板的安装,特别是在住宅和商业领域。例如,"Soorya Bala Sangramaya"项目,旨在促进全国屋顶太阳能系统的安装。截至2024年,斯里兰卡屋顶太阳能装机容量超过930兆瓦,表明太阳能技术的采用率越来越高。斯里兰卡仍在增加该领域的投资,如开发大型太阳能园区。这些投资将解决日益增长的电力需求,并符合斯里兰卡到2050年实现碳中和的承诺。

2. 风能

斯里兰卡的地理位置为风能提供了巨大的潜力,特别是在马纳尔和普塔勒姆等沿海地区,强劲而稳定的风力为发电创造了理想条件。截至2024年,该国有15个正在运营的风电场,装机容量约为128兆瓦。作为其更广泛的可再生能源战略的一部分,斯里兰卡计划到2030年将这一数字增加到1 825兆瓦。研究表明,斯里兰卡平均风速超过5.4米/秒的地区的理论风力发电能力超过20吉瓦。政府正在积极进行评估,为新的风力发电厂选址。

3. 水电

水电历来是斯里兰卡的主要发电来源之一,约占总电力供应的40%。斯里兰卡目前运营着10座大型水电站,其中维多利亚大坝是最大的水电站,装机容量为210兆瓦,年发电量约为780吉瓦时。尽管大型水电项目的潜力正在达到极限,但发展小型水电项目,特别是在偏远和农村地区,提供本地化能源解决方案的机会很大。政府继续为小型水电开发发放许可证,允许容量高达10兆瓦的项目,这将有助于优化整体可再生能源结构,并改善全国的能源获取。

7.3 简要市场分析和行业趋势

基于到2030年实现70%可再生能源发电的国家目标,斯里兰卡的可持续能源市场正在经历快速增长。相关统计数据表明,斯里兰卡的可再生能源消耗目前约占总能源消耗的23%,这一增长得益于每年4.9%的电力需求增长。斯里兰卡2025年将发电能力从4 043兆瓦扩大到6 900兆瓦的计划使可再生能源领域急需大量投资。

研究报告显示,来自当地和国际的资本大量涌入。主要参与者包括锡兰电力局(CEB)和参与太阳能与风能项目的各种私营公司。政府出台了激励措施,吸引外国投资清洁能源技术，进一步促进了这一市场。这些激励措施包括税收减免、补贴和简化监管程序，以促进可再生能源项目的发展。

斯里兰卡政府的长期电力发展计划展示了其雄心勃勃的目标，包括4 705兆瓦的太阳能和1 825兆瓦的风能，表明了国家能源向可再生能源的战略转变。此外，斯里兰卡还在探索扩大海上风电开发的潜力，这可进一步加强能源安全，减少对化石燃料进口的依赖。斯里兰卡西部和南部海岸海域，由于其高风速和水位相对较浅，使其成为海上风电场的理想选址。

生物质能源在斯里兰卡可再生能源战略中也发挥着重要作用。该国有大量可用于生物质能源发电的农业和林业残留物，发展生物质能源有助于有效管理农业废物。

斯里兰卡对可再生能源的承诺满足了日益增长的电力需求，并与全球可持续发展目标保持一致。该国的战略举措正在努力使其成为南亚可再生能源领域的领导者。通过利用其自然资源和营造有利的投资环境，斯里兰卡旨在实现可持续和有弹性的能源未来，为斯里兰卡产业经济的发展和人民生活降低能源成本奠定基础。

7.4 可持续能源发展面临的挑战

斯里兰卡的可持续能源发展面临着几个重大挑战。应对这些挑战对于该国实现其雄心勃勃的可再生能源目标和确保可持续能源未来至关重要。

1.技术和基础设施挑战

当前的能源基础设施需要进行大范围的现代化改造，以便将增加的可再生能源投入整合到电网中。风能和太阳能等因其自然条件带来的波动性，会导致电能供需平衡困难。现有电网往往无法应对与可再生能源发电相关的波动，因此需要投资智能电网技术和储能解决方案，以提高可靠性和效率。智能电网可以提供实时数据和对波动的自动响应，确保稳定高效的能源供应。

2.金融和投资壁垒

尽管人们对可再生能源的兴趣日益浓厚，但融资限制仍然是一个重大障碍。由于经济不稳定、借贷成本高和进入资本市场的机会有限，为大型项目获得资金尤其具有挑战性。可再生能源项目的融资成本通常被认为比传统能源投资风险更高,这阻碍了潜在投资者。在包括斯里兰卡在内的许多发展中国家,缺乏股权融资进一步加剧了这一问题,因为较小的项目开发商难以与拥有更好融资渠道的大公司竞争。政府可以探索绿色债券、公私合作关系和国际气候融资等创新型金融工具,争取可持续能源项目的融资。

3.政策和监管障碍

政策执行不一致可能会阻碍对可再生能源项目的投资。监管框架往往缺乏清晰度和可预测性,使投资者难以驾驭新项目的许可程序。复杂而烦琐的法规可能会导致项目延误,增加项目成本并阻碍投资,可再生能源项目迫切需要更精确的指导方针,简化流程,确保其与国家可持续发展目标保持一致。建立稳定和透明的政策环境对于吸引长期投资和增强利益相关者的信心至关重要。

4.环境和社会因素

可持续能源项目必须解决项目本身对环境的影响和社区参与的问题,避免对当地生态系统或人口产生不利影响。确保可再生能源项目具有社会包容性和环境可持续性对于其长期成功至关重要。基于社区的可再生能源项目在获得当地支持和提供社会经济效益方面也可以发挥重要作用。因此,所有项目都需进行彻底的环境评估,并让当地社区参与决策过程。不事先考虑这些问题,可能会导致公众反对、项目延误和潜在的法律挑战。

应对这些挑战需要政府、私营部门和国际利益相关者的协调努力,实施包括有针对性的激励措施、提高政策清晰度、投资基础设施升级和促进社区参与是克服斯里兰卡可持续能源部门障碍的重要举措。通过正面解决这些问题,才有可能到2030年实现70%可再生能源发电和到2050年实现碳中和的目标。通过采取全面和包容的方法,斯里兰卡可以将自己发展成南亚可再生能源领域的领导者,为应对气候变化和促进可持续发展的全球努力作出贡献。

7.5 技术合作机会

斯里兰卡扩大可再生能源产能的潜力巨大,特别是在太阳能光伏(PV)装置和海上风电场方面。中国与斯里兰卡在这一领域合作空间巨大。中国是全球可再生能源技术、制造业和投资的主导力量。中国已与多个国家签署了48份谅解备忘录，以支持减缓气候变化。中国已经形成广泛的清洁能源国际合作关系网络，成为发展中国家的重要伙伴。

1.技术创新和研发机会

中国在太阳能光伏技术和风力涡轮机制造方面的专业知识可以支持斯里兰卡建立生产设施、创造就业机会和促进技术转让。通过与中国研究机构的合作，斯里兰卡可以大大提升技术创新和研发的能力。这种合作可以帮助斯里兰卡利用中国在清洁技术方面的进步，提高可再生能源生产的效率，降低成本。此外，这种合作关系还可以推动世界先进储能解决方案的发展，这对于可再生能源管理创新具有重要意义。

2.投资和经济效益

与中国等国家的国际合作可以促进国际新能源领域知识转移和投资，这对可持续能源管理具有重要意义。印度—斯里兰卡电网互联互通研究等倡议强调了可以加强在区域能源安全领域的合作。中国的共建"一带一路"越来越多地转向绿色投资，强调有利于斯里兰卡能源景观的清洁能源项目。

3.加强能源安全和可持续性

通过利用中国等国际能源领域先进国家的技术，斯里兰卡可以加快向更可持续能源未来过渡，降低产业发展和居民生活的能源成本，保证能源的持续供应，降低能源短缺造成的负面影响，同时为更广泛的地区稳定和能源安全合作作出贡献。

4.环境和社会影响

扩大可再生能源产能可以产生积极的环境和社会影响以及技术和经济效益。减少对化石燃料的依赖将减少温室气体排放，有助于应对气候变化的全球努力。此外，发展可再生能源项目还可以创造就业机会，刺激当地经济，特别是农村地区。确保这些项目具有环境可持续性和社会包容性对于其长期成功至关重要。

本章小结

斯里兰卡迈向可持续能源未来的旅程以雄心壮志、韧性和战略规划为标志。随着到2030年实现70%可再生能源发电和到2050年实现碳中和的明确路线图的制定，该国正在利用其自然资源改造其能源部门。尽管面临财政、技术和政策限制带来的挑战，斯里兰卡仍在取得稳步进展，太阳能和风能将在该国的可再生能源转型中发挥关键作用。水电仍然很重要，但新的太阳能和海上风力发电机会为未来的增长提供巨大的潜力。国际合作，特别是与中国等可再生能源技术先进国家的合作，推动了创新，促进了投资，并确保了技术进步。这些伙伴关系将加强斯里兰卡的能源基础设施，并为应对气候变化的更广泛的全球努力作出贡献。通过应对当前的挑战和利用可再生能源机遇，斯里兰卡正在成为可持续能源领域的领导者，这表明经济增长和环境可持续性可以齐头并进。该国对可再生能源的承诺将加强其能源安全，为其人民创造社会经济效益，最终为子孙后代创造一个更绿色的未来。

参考文献

[1] 郑海霞. 海岛旅游发展与生态环境耦合关系研究 [D]. 西安：西安外国语大学，2022.

[2] 付晓. 斯里兰卡 让普通人"触摸"科技——首届"希尔帕·塞纳"斯里兰卡技术革命展开展 [J]. 中国会展，2019（15）：24.

[3] 许梦龙. "一带一路"背景下中国与斯里兰卡光伏产业产能合作研究 [D]. 昆明：云南财经大学，2019.

8 浙江省与斯里兰卡的产业合作战略

8.1 简介

近几年，中国投资在斯里兰卡发挥了关键作用。斯里兰卡位于东、西印度洋航运线上的战略位置，高度重视发展基础设施，建立了具有增长潜力的高效海港和机场，并通过包括高速公路在内的道路系统网络实现了良好的连接。因此，斯里兰卡成为对外国投资者具有吸引力的投资目的地。中国是斯里兰卡投资的重要来源国。

斯里兰卡的经济和工业区分散在全国各地，为了促进各地的外国直接投资，提供了大量优惠的基础设施和服务。斯里兰卡有效地利用现代技术、提供覆盖广泛的强大电信网络和高素质劳动力，使其成为工业部门先进技术应用的理想新兴市场。

斯里兰卡宪法为外国投资的安全提供了保障，这是吸引外国投资者的一个重要因素。此外，斯里兰卡与42个国家签订了避免双重征税协定，这意味着来自这些国家的投资者可以将其赚取的利润汇回国内，而无须再次纳税。这一重大优势为斯里兰卡创造了良好的外国直接投资环境。

斯里兰卡和中国之间的友好关系，加上中国投资的几个重大项目的成功经验，使斯里兰卡日益成为中国投资的一个重要目的地。然而，在中国投资者抵达斯里兰卡之前，他们必须注意政府法规、服务差异化、地理邻近性以及影响其业务的其他因素。在中国和斯里兰卡工业合作的积极背景下，本章以浙江省为代表，讨论与斯里兰卡的贸易和投资合作战略。

8.2 浙江省与斯里兰卡的产业合作

根据前几章对斯里兰卡五大产业——茶叶、机动车、电子商务、旅游业和可持续能源的分析，强调了中国和斯里兰卡之间贸易和投资合作的增长潜力。Daraz、比亚迪、北汽和东风汽车等中国企业已经在上述五个行业进行了投资和合作，提供了积极的贸易和投资合作的可靠例子,使两国经济都受益。然而,浙江省工业部门与斯里兰卡企业之间的合作仍有待促进。

这五大产业的贸易和投资合作机会表明,通过加强和促进浙江省的工业部门,有大量可能的业务扩展。以下简要介绍了每个行业的潜在贸易和投资合作。

8.2.1 茶叶

中国浙江省和斯里兰卡在茶叶领域的潜在贸易和投资合作提供了一个互利的机会,利用了每个地区的优势和市场需求。

1.贸易促进

将斯里兰卡茶叶进口到浙江省和从浙江省向斯里兰卡出口茶叶,特别是用于再出口目的的,都是双方之间可行的贸易选择。斯里兰卡是世界上最大的茶叶生产国之一,以其优质的锡兰茶,尤其是红茶而闻名。随着中等收入群体的不断增长和对优质产品的日益偏好,浙江省成为斯里兰卡茶叶的重要市场。斯里兰卡可以扩大对浙江省的出口,特别是针对那些喜欢优质茶叶品种的消费者。浙江省也以绿茶而闻名,尤其是龙井茶等品种。斯里兰卡可以进口中国特色茶叶,使其国内茶叶市场产品多样化,同时满足当地消费者和旅游业的需求,并考虑利用锡兰茶的品牌忠诚度进行再出口。

2.茶叶加工合资及投资

浙江省的公司可以在斯里兰卡投资建立现代化的茶叶加工厂,提高茶叶生产的质量和效率。这可能包括对先进茶叶加工、包装和质量控制技术的投资。这两个地区可以合作创造新的混合茶或结合其优势的品牌,如斯里兰卡红茶和浙江绿茶,通过独特的产品来迎合国际市场。

3.研发合作

浙江省和斯里兰卡可以联合研究,开发更能适应气候变化、产量更高或具有独特风味的新茶品种。这可能涉及两个地区的农业大学和研究机构之间的合作。鉴于全球对可持续发展的关注,浙江省和斯里兰卡可以合作开发可持续的茶叶种植实践,减少茶叶生产对环境的影响,改善茶叶工人的生计。

4.旅游与文化交流

浙江省和斯里兰卡可以发展茶叶旅游项目，来自中国的游客可以参观斯里兰卡的茶园和工厂，反之亦然。通过旅游业推动茶产业的发展，促进围绕茶道和传统的文化交流，增进对彼此茶遗产的相互了解和欣赏。

5.**基础设施和物流发展**

物流基础设施的相关投资对促进浙江省和斯里兰卡之间更顺畅的贸易至关重要。这可能涉及改善港口设施、航运路线和储存解决方案，以应对茶叶贸易的增长。利用中国先进的电子商务平台，浙江省可以帮助斯里兰卡发展其在全球的茶叶在线销售渠道。

6.**金融和技术合作**

浙江省的投资基金或公司可以投资斯里兰卡的茶叶行业，特别是在扩大种植面积、改善工人条件和采用新技术等领域。浙江省可以在精准农业、茶叶生产自动化和先进包装解决方案等领域提供技术专长，这可以显著提高斯里兰卡茶叶行业的效率和盈利能力。

7.**教育和培训**

浙江省可以为斯里兰卡茶叶生产商和工人提供培训计划，以改进生产技术、质量控制和市场扩张战略。浙江省和斯里兰卡的茶叶研究机构和大学之间的教育交流可以帮助双方拓展茶叶种植、加工和营销方面的专业知识。

8.**政府和机构支持**

中国和斯里兰卡政府可以商讨专门针对茶叶行业的优惠贸易协定，降低关税和其他贸易壁垒。加强浙江省和斯里兰卡茶叶协会、商会和贸易机构之间的联系，可以促进更顺畅的合作，应对贸易或投资挑战。

通过探索这些途径，浙江省和斯里兰卡可以显著加强在茶叶行业的贸易和投资关系，使这两个地区在经济和文化上都受益。

8.2.2 汽车工业

中国浙江省和斯里兰卡在汽车行业的贸易和投资合作潜力为双方带来了巨大的互利机会。浙江省是中国重要的工业中心之一，特别是汽车行业，斯里兰卡则寻求发展其汽车行业，以满足不断增长的国内需求并改善基础设施。

1.汽车贸易扩张

浙江省是中国几家主要汽车制造商和零部件供应商的所在地。浙江省有可能扩大向斯里兰卡出口整车（包括电动汽车、商用车、乘用车和电动自行车）和汽车零部件，以满足斯里兰卡对经济实惠、可靠的汽车日益增长的需求。斯里兰卡投资者可以专注于发展其汽车零部件制造业，特别是对汽车行业至关重要的橡胶零部件。这些零部件可以出口到浙江省，为中国汽车制造商的供应链作出贡献。

2.合资企业和制造合作

总部位于浙江省的汽车公司可以在斯里兰卡建立汽车装配厂。这将有助于降低与进口关税和物流相关的成本，创造就业机会，并促进当地的经济发展。此类合作可能侧重组装针对南亚市场量身定制的汽车，包括经济实惠的电动汽车和混合动力汽车。斯里兰卡的公司可以与浙江省的汽车公司合作，在当地生产特定的汽车零部件，这些零部件可以集成到在斯里兰卡组装的车辆中。

3.研发合作

浙江省在电动汽车和电动自行车领域拥有强大的影响力，研发合作可以专注于开发适合斯里兰卡市场、基础设施和环境条件的电动汽车和电动自行车。这可能包括对电池技术、充电基础设施和节能汽车的研究。

4.技能发展和培训

浙江省可以为斯里兰卡工人和工程师提供汽车技术、生产工艺和质量控制方面的技术培训项目。这将提高斯里兰卡汽车行业的技能水平，并确保更高的制造标准。浙江省和斯里兰卡的技术研究所和大学之间的伙伴关系可以促进汽车工程、设计和生产方面的知识交流，帮助斯里兰卡建立熟练的劳动力队伍。

5.市场准入和分销

浙江省的汽车公司可以与斯里兰卡的公司合作，建立强大的分销网络，促进车辆和零部件在斯里兰卡和南亚其他国家销售。双方的合作可以扩展到在斯里兰卡发展全面的售后服务网络，包括维护、维修服务和零件供应，这对消费者满意度和品牌忠诚度至关重要。

6.政府和政策支持

中国和斯里兰卡政府可以谈判有利的贸易政策，如降低汽车产品关税，以鼓励投资和贸易。这些协议还可以解决监管协调问题，使浙江省的公司更容易在斯里兰卡开展业务。斯里兰卡可以提供税收减免、土地出让和简化法规等激励措施，以吸引浙江省的汽车制造商在该国投资。

7. 贸易展览和商务代表团

浙江省和斯里兰卡都可以参加或共同主办汽车贸易展览，展示他们的最新产品、技术和服务，从而建立新的合作伙伴关系和合资企业。组织从浙江省到斯里兰卡的商业代表团，反之亦然，可以促进直接的商业联系，帮助确定汽车行业的具体机会。

8.2.3 电子商务领域

浙江省是全球电子商务的引领者，阿里巴巴等著名电商企业的总部就在浙江省杭州市。斯里兰卡的数字经济不断发展，消费者基础不断扩大，越来越多地接受网上购物。电子商务领域为中国浙江省和斯里兰卡之间的贸易和投资合作提供了巨大的潜力。

1. 电子商务平台拓展

浙江省的电子商务公司，如阿里巴巴，已经在斯里兰卡开始运营，与本地企业合作成立合资企业 Daraz。双方合作有待深入，将为斯里兰卡消费者提供以有竞争力的价格获得各种产品的机会，并为当地企业在国际上销售产品创造机会。总部位于浙江省的电子商务公司可以投资创建针对斯里兰卡市场量身定制的平台本地化版本，提供语言支持、本币交易以及迎合当地口味和需求的产品。

2. 发展地方电子商务基础设施

斯里兰卡电子商务面临的关键挑战之一是物流基础设施。浙江省的企业可以在斯里兰卡投资开发高效的供应链、仓库和"最后一英里交付"系统。这可能涉及与当地物流公司建立合资企业或开展新的业务，以确保及时交付在线购买的货物。合作开发适合斯里兰卡市场的安全、可靠和易于使用的在线支付系统至关重要。浙江省在数字支付方面的专长，主要是通过支付宝和微信支付等平台，可以转移到斯里兰卡，以加强其数字支付生态系统。

3. 能力建设和知识转让

浙江省可以为斯里兰卡的企业家和IT专业人员提供有效利用电子商务的培训项

目，包括了解在线环境中的平台管理、数字营销、供应链管理和客户服务。鉴于浙江省在电子商务技术方面的领先地位，浙江省可以与斯里兰卡合作，提升当地的技术能力。这可能包括建立软件开发中心、提供云计算方面的专业知识，并为电子商务行业量身定制网络安全措施。

4.市场准入和跨境电子商务

斯里兰卡的企业可以利用浙江省的电子商务平台进入广阔的中国市场。茶叶、香料、服装和手工艺品等产品在中国可能会有很大的需求。这些平台还可以通过已建立的物流网络进入全球市场。中国和斯里兰卡政府可以就简化跨境电子商务、解决海关、税收和监管问题达成协议。这将使双方的企业更容易进行在线交易。

5.对数字初创企业的投资

浙江省成熟的风险投资环境可以用来投资斯里兰卡的电子商务初创公司。浙江省的投资者和公司可以在斯里兰卡建立孵化器或加速器，以培养当地人才，支持创新商业模式，并扩大有前景的电子商务初创企业。浙江省的公司可以与斯里兰卡的公司合作，开发迎合区域市场的新技术或平台。这可能包括移动优先的电子商务解决方案、人工智能驱动的客户服务机器人或针对当地商业环境量身定制的大数据分析工具。

6.电子商务和零售合作

浙江省的企业可以与斯里兰卡的零售商合作，制定全渠道零售战略，整合线上线下购物体验。这可能涉及为斯里兰卡的传统实体店建立电子商务平台，或帮助他们过渡到数字优先模式。合作的重点可以是在中国电子商务平台上创建和推广斯里兰卡品牌。浙江省在数字营销和品牌管理方面的专业知识可以帮助斯里兰卡产品在中国获得认可和市场份额。

7.电子商务促进农村发展

浙江省在利用电子商务促进农村经济发展方面拥有丰富的经验。这种专业知识可以转移到斯里兰卡，帮助农村生产者与国家和国际市场联系起来。该项目可以侧重培训农村企业家、改善物流以及开发迎合农村买家和卖家的平台。鉴于农业在斯里兰卡的重要性，有可能合作开发专注于农产品的电子商务平台，允许农民直接向消费者和企业销售，减少中间环节，提高盈利能力。

8.电子商务监管框架的制定

凭借其成熟的电子商务生态系统，浙江省可以协助斯里兰卡发展和完善其电子商务监管框架。这可能包括关于数据保护、消费者权利、知识产权和数字交易的指导方针。这对加强电子商务交易网络安全方面的合作至关重要。浙江在保护在线平台方面的专业知识对帮助斯里兰卡保护消费者和企业免受欺诈、数据泄露和其他网络威胁至关重要。

9.旅游业和电子商务协同作用

浙江省的电子商务平台可以与斯里兰卡的旅游运营商合作，将斯里兰卡推广为中国游客的目的地。综合电子商务和旅游平台可以让游客直接从中国预订旅行体验，包括航班、住宿和旅游。斯里兰卡的旅游服务可以融入浙江省的电子商务平台，让中国消费者在线预订体验和购买斯里兰卡的产品，从而将电子商务与旅游推广相结合。

10.文化和商业交流

举办联合电子商务峰会、博览会等可以促进浙江省和斯里兰卡公司之间的直接商业交流，实现网络、伙伴关系发展和知识共享。斯里兰卡的文化产品，包括传统工艺品、艺术品和媒体，可以通过浙江省的平台向中国消费者销售，扩大文化交流和贸易。

通过这些合作渠道，浙江省和斯里兰卡可以显著加强贸易关系，促进当地经济发展，加快斯里兰卡电子商务领域的数字化转型，使双方的企业和消费者受益。

8.2.4　旅游业

旅游业为中国浙江省和斯里兰卡之间的贸易和投资合作提供了众多机会。浙江省是一个繁荣的地区，中等收入群体不断壮大，对国际旅行有着浓厚的兴趣。与此同时，斯里兰卡是一个受欢迎的旅游目的地，以其丰富的文化遗产、令人惊叹的风景和多样化的野生动物而闻名。这一领域的合作对双方来说是互惠互利的。

1.促进双边旅游

浙江省和斯里兰卡可以合作开展联合旅游推广活动。斯里兰卡可以针对中国游客，主要是来自浙江省的游客，制定个性化的营销策略，突出海滩度假、野生动物狩猎、文化遗产之旅和健康疗养等体验。相反，浙江省可以向斯里兰卡的游客推广其风景名胜、文化遗产和购物目的地。浙江省和斯里兰卡的旅行社可以开发联合旅行套餐，提供便利的旅行体验，包括导游、交通和住宿，使双方的游客更容易探索彼此的目的地。双方都可以通过在线平台、旅游博览会和营销活动来推广这些套餐。

2.旅游基础设施投资

可以鼓励浙江省的投资者投资斯里兰卡的酒店业，包括开发酒店、度假村和生态旅馆。这些投资将迎合越来越多的中国游客访问斯里兰卡，并可能专注于科伦坡、加勒、康提和"文化三角"等关键旅游区。

斯里兰卡的投资者可以探索浙江省旅游业的机会，例如，建立斯里兰卡主题酒店、餐厅或健康中心，以迎合对斯里兰卡文化和美食感兴趣的中国游客。

3.协同数字旅游平台

浙江省先进的电子商务和数字平台可以用来创建联合在线门户，促进双方的旅游业发展。这些平台可以提供预订航班、住宿、导游和文化体验等服务，使双方的游客更容易规划他们的旅行。浙江省的科技公司可以与斯里兰卡旅游发展局合作开发移动应用程序，提供虚拟旅游、导游和实时旅游信息。这些应用程序可以增强中国游客在斯里兰卡的旅行体验，反之亦然。

4.加强航空互联互通

为了促进旅游业的发展，浙江省和斯里兰卡可以努力在杭州市（浙江省省会）和科伦坡等主要城市或斯里兰卡其他主要旅游目的地之间建立直飞航班。直飞航班将使旅行更加方便，并鼓励更多浙江省的游客访问斯里兰卡。旅行社可以安排浙江省和斯里兰卡之间的包机，特别是在旅游旺季。这些包机可能是包括住宿、导游和文化体验在内的特殊旅行套餐的一部分。

5.培训和能力建设

浙江省可以为斯里兰卡的旅游专业人员提供酒店管理、客户服务和语言技能（尤其是普通话）方面的培训项目。这将有助于斯里兰卡更好地满足中国游客的需求和期望。双方可以为旅游专业人士建立交流项目，让他们在彼此的市场上获得第一手经验。这可能包括实习、研讨会和联合培训课程，重点是提高服务质量和了解游客的期望。

6.旅游服务合资企业

浙江省和斯里兰卡的旅游运营商和旅行社之间的合资企业可以根据游客的喜好创造新的旅游产品。这些可能包括高端旅游、生态旅游、探险和文化之旅。鉴于语言障碍，浙江省的企业可以投资或与斯里兰卡的企业合作，提供语言服务，确保中国游客在斯里兰卡获得无障碍的旅行体验。

7.生态旅游和健康旅游倡议

浙江省投资者可以与斯里兰卡的公司合作，开发以可持续发展为重点的生态旅游项目。这些项目可能包括生态旅馆、野生动物保护之旅和社区旅游，在保护自然资源的同时造福当地社区。双方可以合作促进可持续旅游实践。凭借以可持续方式管理大量游客的经验，浙江省可以与斯里兰卡分享最佳实践，以帮助斯里兰卡管理其自然和文化遗址。浙江省对健康和健康旅游的兴趣日益浓厚，这可能与斯里兰卡在阿育吠陀和健康疗养方面的服务相一致。双方可以建立合资企业，创建包括传统中医和斯里兰卡阿育吠陀在内的健康旅游套餐。斯里兰卡可以在浙江省推广其医疗旅游产品，重点提供高质量医疗服务，包括阿育吠陀治疗、水疗和外科手术。浙江省可以通过提供先进的医疗技术和培训来帮助斯里兰卡。

8.旅游教育的发展

浙江省和斯里兰卡的院校可以建立以旅游管理、酒店和文化遗产保护为重点的联合学位课程。这将有助于建立一支了解这两个市场细微差别的熟练劳动力队伍。双方的学术机构可以在旅游研究方面进行合作，重点关注市场趋势、客户行为和可持续旅游实践。这些研究可以为相关政策和商业战略的制定提供信息。

通过这些战略举措，浙江省和斯里兰卡可以显著加强旅游业的合作，吸引更多游客，创造就业机会，促进文化交流，拉动经济增长。

8.2.5 可持续能源部门

可持续能源领域为中国浙江省和斯里兰卡之间的贸易和投资合作提供了重大机遇。一方面，浙江省具有先进的可再生能源技术，在太阳能、风能和水力发电以及储能和智能电网解决方案方面拥有丰富的经验。另一方面，斯里兰卡正在积极寻求扩大其可再生能源的产能，以减少对化石燃料的依赖，实现其可持续发展目标。

1.可再生能源项目投资

凭借先进的太阳能技术和制造能力，浙江省的公司可以投资斯里兰卡的太阳能项目。这可能包括大型太阳能发电场、屋顶太阳能装置和太阳能公园的开发。与当地公司合作建立的合资企业或伙伴关系可以促进技术和专业知识的转让。鉴于浙江省在海上和陆上风能方面的经验，浙江省的公司可以在斯里兰卡投资开发风力发电项目，特别是在沿海和中部高地等风能潜力较高的地区。这可能涉及安装风力涡轮机和开发相关基础设施，如输电线路。凭借水电专业知识，浙江省可以与斯里兰卡合作，升级现有的水电站或开发新的中小型水电项目。这可能包括对抽水蓄能水电系统的投资，这对平衡电网与可再生能源至关重要。

2.技术转让和能力建设

浙江省可以促进向斯里兰卡转让先进的可再生能源技术，包括高效太阳能电池板、风力涡轮机、储能系统和智能电网技术。这种转移可以通过合资企业、许可协议或当地制造设施投资来实现。浙江省可以为斯里兰卡的工程师、技术人员和政策制定者提供可再生能源技术和可持续能源管理方面的培训项目。这将增强斯里兰卡当地实施和维护可再生能源项目的能力，确保其长期成功。

3.储能和智能电网解决方案的开发

浙江省是储能技术的引领者，特别是锂离子电池和其他先进的储能解决方案。对斯里兰卡储能项目的投资有助于斯里兰卡稳定电网，整合可再生能源，确保可靠的电力供应。合作还可能涉及在斯里兰卡建立储能系统制造设施。浙江省可以协助斯里兰卡开发和实施创新的电网解决方案，优化能源分配，减少损失，并改善可再生能源与国家电网的融合。这可能包括对智能电表、电网自动化和需求响应技术的投资。

4.联合研发

建立以可再生能源和可持续技术为重点的联合研发中心可能是一个关键的合作领域。这些中心可以致力于开发适合斯里兰卡特定气候和地理条件的新技术，例如，针对热带气候优化的太阳能技术或针对斯里兰卡风模式设计的风力涡轮机。浙江省和斯里兰卡可以就创新的可持续能源解决方案进行合作，例如，开发混合可再生能源系统（结合太阳能、风能和水力），探索农业废物中的生物能源，以及推进能效技术。浙江省和斯里兰卡的实体可以共同资助联合研发项目，促进有利于双方的创新。

5.能源效率投资

浙江省的企业可以在斯里兰卡投资开发节能建筑和绿色建筑，在建筑行业推广可持续材料、节能设计和可再生能源整合。这可能包括住宅和商业项目，以及公共基础设施。合作可以侧重提高斯里兰卡工业部门的能源效率。浙江省的企业可以提供专业知识和技术，优化制造过程中的能源使用，减少浪费，降低碳排放。这在纺织、农业和食品加工等能源消耗巨大的行业尤为重要。

6.分布式电力项目

浙江省的可以投资斯里兰卡农村和偏远地区的分布式太阳能解决方案，这可能包括太阳能家庭系统、微型电网和太阳能灌溉系统。斯里兰卡农村的电力供应有限，开发太阳能、风能和电池储能等分布式电力系统，可以改善当地生活和经济。浙江省的企业凭借其在整合多种可再生能源方面的专业知识，可以领导此类项目，帮助斯里兰卡实现其农村电气化目标。

7.PPP模式项目开发

浙江省的企业可以与斯里兰卡政府合作，通过政府和社会资本合作（PPP）模式开发大型可再生能源项目。这些项目可能包括开发可再生能源园区、大型太阳能和风电场，以及输电线路和变电站等相关基础设施。PPP模式也可用于开发将可再生能源纳入斯里兰卡电网所需的基础设施。这可能包括电网升级、储能设施和创新电网技术，由浙江省公司提供投资和专业知识。

8.行业知识普及

浙江省和斯里兰卡可以联合开展公众宣传活动，促进采用可再生能源和能效实践。这些活动可以侧重让消费者了解太阳能、节能和可持续生活的好处。组织关于可持续能源的讲习班、会议和研讨会可以帮助提高当地的专业知识水平，促进浙江省和斯里兰卡利益相关者之间的合作。这些活动可以涵盖广泛的主题，包括可再生能源政策、技术创新和能源管理的最佳实践。

9.可持续发展咨询服务

浙江省的可再生能源公司可以为斯里兰卡的公司和政府机构提供有效实施可

再生能源项目的咨询服务。这可能包括可行性研究、项目设计、财务建模和监管合规。总部位于浙江省的可持续发展咨询公司可以帮助斯里兰卡制订和实施全面的可持续发展计划，包括能效措施、可再生能源采用和碳减排战略。

通过这些合作，浙江省和斯里兰卡可以显著推进其可持续能源目标，为双方的环境保护、能源安全和经济增长作出贡献。PPP模式也将使浙江省和斯里兰卡在全球向清洁和可再生能源的过渡中处于有利地位。

8.3 在斯里兰卡投资的有利和限制因素

中国当前正在寻找其他海外市场，将部分产业转移到其他国家，以提高产能、降低成本、占领新市场并保护环境。本节通过提供投资决策所需的信息，系统展示了影响中国现有和潜在商业投资者在斯里兰卡成功的因素，是中国企业家在斯里兰卡投资的重要参考。

根据之前的研究，产业链整合、相关业务多元化、安全的技术、市场份额和网络形成能力是决定中国企业在南亚商业环境中成功的主要因素。此外，技术水平、成本控制、创新能力、管理体系、国际化业务经验、融资能力、具有管理知识的高级管理人员、劳动力可用性、品牌意识、拓展海外市场、品牌名称、长期规划、产品差异化、财务能力、技术能力也会影响中国海外投资效果。为了降低上述所有因素的复杂性，本节将这些因素分为四大类：对企业的法定和法律要求、市场相关因素、财务相关因素和投资策略。

表8-1详细展示了中国企业在斯里兰卡的贸易和投资决策的影响因素。

表 8-1　中国企业在斯里兰卡的贸易和投资决策的影响因素

对企业的法定和法律要求	
注册流程	·注册过程很复杂，它通过延迟运营来推迟企业的成功 ·注册私人有限公司比注册独资企业或合伙企业更容易、更快 ·语言障碍会对企业的成功产生负面影响，尤其是对非英语母语的人

适用的税收政策	·更高的所得税税率和税收方案的复杂性会抑制企业家创业的积极性，也会降低他们披露企业实际收入的积极性 ·由于所得税增加，利润下降，限制了企业的成功 ·间接税导致企业提高产品价格，从而引导消费者降低相关需求
	对企业的法定和法律要求
其他政府法律法规	·劳动法要求外籍员工和本地员工之间的比例为1∶5，这给企业带来了不必要的成本 ·获得进口许可证的复杂性和时间浪费会延迟业务扩张，这也会影响业务的成功
	市场相关因素
市场竞争	·市场竞争激烈，成本低、价格低、品牌各异 ·必须使用低价、高质量的策略，在更短的时间内提供批量订单，以克服竞争或使竞争无关紧要
产品验收	·斯里兰卡正在寻找价格低廉的高质量产品，因此，企业必须尽可能地保持低价方案，以推动企业取得成功
品牌的全球认可度	·品牌的全球认可度对其营销的成功起着至关重要的作用，尤其是对耐用品而言 ·即使没有全球公认的品牌，企业也可以创造新的品牌，并将其推向企业的成功
	财务相关因素
投资	·高初始投资通过更多的业务扩张带来高风险的业务成功，低投资以低风险缓慢取得成功 ·正确管理高初始投资有助于更快地以低风险取得成功
获得贷款	·在斯里兰卡，获得贷款过程很复杂，它推迟了企业的创业和扩张，并对企业的成功产生了负面影响。然而，贷款有助于扩大业务，并在紧急情况下管理日常活动
利率	·商业贷款的高利率会增加企业的资金成本和利息支出，从而对企业的成功产生负面影响，而低利率则会产生积极影响
	投资策略
直接投资	·直接投资有助于保持投资者的独立性，同时作出自己的决定，以推动企业取得成功 ·这种投资方法的决策过程更快
集成	·集成通过最大限度地降低运营成本和获取他们没有的资源来帮助企业取得成功 ·帮助企业升级到业务流程的上层，这可以用来赚取更多的收入
战略联盟	·通过最大限度地降低运营成本，帮助企业实现利润和现金流的最大化 ·企业可以使用从另一方获得的资源
产业多样化	·没有案例与行业多样化有关；任何响应者都不会改变或增加其他行业到他们现有的业务中

中国投资者决定在斯里兰卡投资之前，需要确定影响其在斯里兰卡业务成功的因素。利用这项研究的结果，投资者可以从法律要求、市场状况、财务状况等方面清楚地了解斯里兰卡的商业状况。

8.4 斯里兰卡投资委员会

外国投资者在进入斯里兰卡之前，应从政治、经济和法律稳定性方面分析斯里兰卡的整体状况。此外，中国投资者应始终通过投资委员会（BOI）在斯里兰卡进行投资。在斯里兰卡，任何外国投资者都可以直接联系投资委员会，无须任何非正式方式。大多数时候，由于误导性信息和非正式关系，外国投资者使用了非官方承认的投资方式，最后离开了这个国家。此外，中国投资者还应与斯里兰卡当地企业家建立联系。

1978年成立的大科伦坡经济委员会是投资委员会的前身，1992年，该委员会改组为投资委员会。该机构拥有一个自主的法定机构，直接向斯里兰卡总统负责。投资委员会是斯里兰卡投资者的中心枢纽，为每个国家提供帮扶专窗来支持每个外国投资者。因此，投资委员会在投资促进股下设立了一个"中国服务台"，他们专门为中国投资者提供以下服务。

中国服务台官员提供有关斯里兰卡投资机会的全面信息，专门为中国投资者量身定制。这包括市场洞察、监管要求和潜在风险，所有信息都以中国投资者易于理解的格式呈现。由于投资理事会雇用了会说中文的官员，中国投资者不会面临语言障碍。

中国投资者可以方便地与投资理事会沟通，因为所有文件都是中文，确保了中国投资者便利和舒适的体验。中国投资者可以在很短的时间内解决与投资相关的问题，投资理事会保证在8～48小时作出回应，给中国投资者提供安全感和信心。除此之外，如果中国投资者与投资理事会合作，每个中国投资者都可以通过协议获得政府补助、优惠税率、关税豁免和外汇管制优惠。这些好处不仅适用于中国投资者，也适用于所有选择通过投资理事会在斯里兰卡投资的外国投资者。

外国投资者可以在斯里兰卡投资至少25万美元创业。在这一投资金额内，外国投资者可以在投资理事会批准的情况下投资任何行业。然而，这些类型的投资不能要求投资理事会提供服务。图8-1展示了投资理事会审批流程。

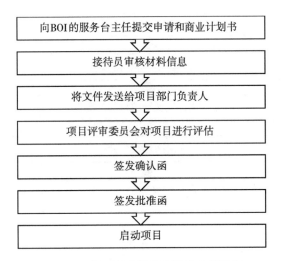

图 8-1 斯里兰卡投资理事会审批流程

投资理事会向外国投资者推广斯里兰卡的八个关键产业，投资理事会提供了具体的最低投资和设施。投资理事会为所有类型的投资提供以下服务。

投资理事会安排支持服务（水、电、废物处理、电信设施、法律服务）和进出口服务（批准再进口和再出口、清关和海关程序）。投资委员会建议斯里兰卡移民局批准居民签证、商务签证和短期访问签证。此外，投资理事会还审查进出口货物，签发原产地证书，保持良好的劳资关系，并处理员工委员会。投资委员会指导网络提交、项目申请、项目审批程序和实施。投资委员会提供其他相关支持组织的信息，建立劳资关系，寻找投资伙伴关系，为环境问题、分包合同、转让和原材料采购贷款提供商提供批准，并获得其他与投资者相关的批准，如原始增值税、TIN证书、工程批准（现场批准和建筑计划批准）、数量证书、合格证书。图8-2展示了投资理事会的投资审批程序。

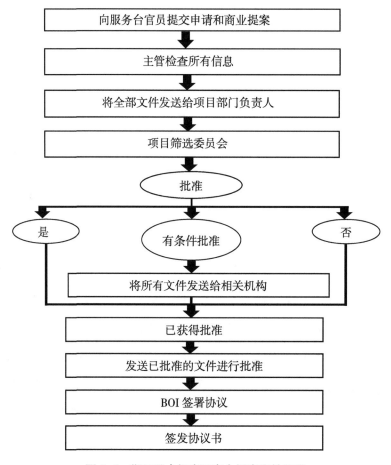

图 8-2　斯里兰卡投资理事会投资审批程序

本章小结

　　本章探讨了浙江省与斯里兰卡在多个产业领域的合作潜力，重点分析了茶叶、机动车、电子商务、旅游业和可持续能源五大产业。浙江省作为中国的重要经济大省，拥有先进的技术和丰富的产业经验，而斯里兰卡凭借其战略地理位置和丰富的自然资源，成为吸引外资的重要目的地。双方在茶叶贸易、汽车制造、电子商务平台扩展、旅游基础设施投资以及可再生能源项目等方面具有广泛的合作空间。通过技术转让、合资企业、市场拓展和政策支持，浙江省与斯里兰卡可以深化产业合作，推动双边经济发展，实现互利共赢。此外，斯里兰卡投资委员会还为外国投资者提供了便利的服务和政策支持，进一步促进了双方的合作。

参考文献

[1] Lin H F，Chang K L. Key success factors of international market development：An empirical study of the Taiwan bulk shipping industry[J]. Maritime Business Review，2017，2（2）：2397-3757.

[2] Zeng S X，Xie X M，Tam C M，et al. Relationships between business factors and performance in internationalization：An empirical study in China[J]. Management Decision，2009，47（2）：308-329.

[3] Zhang Y，Duysters G，Filippov S，et al. Chinese firms entering Europe：Internationalization through acquisitions and strategic alliances[J]. Journal of Science and Technology Policy in China，2012，3（2）：102-123.